체대입시의 신이 알려주는
체대학종의 비밀

상위 1%의 수험생만 아는 학생부종합전형으로 체육대학 가기

체대입시의 신이 알려주는
체대학종의 비밀

초판 1쇄 인쇄 2022년 7월 12일
초판 2쇄 발행 2023년 10월 10일

지은이 김민중, 한지훈

발행인 백유미 조영석
발행처 (주)라온아시아
주소 서울특별시 서초구 방배로180 스파크플러스 3F

등록 2016년 7월 5일 제 2016-000141호
전화 070-7600-8230   **팩스** 070-4754-2473

값 16,500원
ISBN 979-11-92072-68-5 (13370)

라온북은 독자 여러분의 소중한 원고를 기다리고 있습니다. (raonbook@raonasia.co.kr)

상위 1%의 수험생만 아는
학생부종합전형으로 체육대학 가기

체대입시의 신이 알려주는
체대학종의 비밀

김민중, 한지훈 지음

RAON
BOOK

포스트 코로나,
아이의 입시는 안녕하신가요?

체대학종이 기회다

2020년 2월 19일, 국내에 첫 코로나19 확진자가 발생했다. 그 이후 우리는 코로나 시대를 살았다. 연일, 연중 코로나19와 관련된 안 좋은 기사들이 쏟아져 나왔다. 국내 확진자는 꾸준히 계속 발생했고, 누구도 이렇게 될 것이라 예상하지 못했다. 그래서 대비할 수 없었다. 코로나19로 인해 모든 것이 업무 정지 상태인 셧다운(Shutdown)이 되었다. 이러한 상황은 우리 아이들과 학부모들에게도 예외는 아니었다. 2년 넘게 코로나19와 싸워온 결과 많이 호전되었지만, 코로나19 이전의 시대로 돌아갈 수는 없다.

코로나19는 무엇보다 우리 아이들의 입시에 깊숙하게 침투해 모든 것을 바꿔놓았다. 코로나19 초기에는 모든 수업을 비대면으로 전환했다. 비대면 수업으로 학교 선생님은 콜센터 직원이 되었다. 아침에 아이가 잘 일어났는지부터 확인해야 했다. 등교하더라도 상황은 다르지 않았다. 등교부터 하교까지 모습이 완전히 바뀌었다. 모든 학생은 정해진 통로로 등·하교해야 하고, 교내 이동 동선도 단순해졌다. 마스크를 착용하고 수업에 참여해야 한다. 선생님들은 아이들의 얼굴도 잘 파악되지 않는 상황에서 수업해야 했다. 조별 수업이 사라지고 교내활동도 많이 줄어들었고 일괄적인 강의식 수업이 주를 이뤘다.

이렇게 코로나 시대의 학교는 아이들을 획일화시켰다. 그에 따라 입시의 판도도 바뀌었다. 예전보다는 상황이 많이 좋아졌으나 2022년 7월 현재에도 우리의 입시 상황은 계속되고 있다. 학부모와 아이들은 속수무책으로 당했다. 손쓸 틈이 없었다. 어떻게 대비해야겠다는 확실한 방법조차 없었다. 우리 아이들의 입시도 이러한 흐름에 따라 획일화되었다.

우리는 이 흐름에 편승하지 않고 기회로 만들어야 한다. 입시는 끝이 있다. 정말 다행인 것은 아직 끝이 아닌 현재진행형이라는 점이다. 이 위기 속에서 우리 아이들을 구해내야 한다.

아이러니하게도 언택트(Untact) 시대의 학교 체육 풍경은 오히려 '체육 활동'에 대한 니즈를 더 부각시켰다. 국·영·수 중심에서 예체능 과목이 급부상했다. 특히 수행평가와 직결된 체육은 중요도가 더 커졌다. 항상 뒷전으로 밀려났던 체육이 다양한 동적 활동의 소중함을 일깨웠다.

코로나19 이전의 수업처럼 왕성한 체육 활동을 할 수 없는 상황에서 다양한 연구가 진행되었다. 예를 들어 줌(Zoom)을 활용한 홈 트레이닝, VR(Virtual Reality, 가상현실)을 통한 학교 체육 수업 연구에 열을 올렸다. VR 체험을 위해 HMH(Head Mounted Display)를 착용하고 어떻게 하면 코로나19 이전의 학교 체육 수업 효과를 얻을 수 있을지 연구했다. 심지어 현장의 선생님뿐 아니라 아이들까지도 고민하기에 이르렀다.

아이들의 그러한 고민은 고스란히 학교생활에 반영되었다. 고민할수록 아이의 생활 방식에 긍정적으로 작용했다. 자연스럽게 양질의 학교생활이 되었고 그 활동을 눈여겨본 선생님에 의해 생활기록부에 반영되기에 이르렀다.

엔드 코로나 시대의 도래

코로나19의 게임 체인저(Game Changer)는 백신과 치료제였다. 하지만 엔드 코로나 시대 입시의 게임 체인저는 바로 학생부종합전형의 대비다. 여기서 말하는 학종은 전 학과 대상이 아닌 '체육대학 학생부종합전형(이하 체대학종)'이다.

우리나라 중고등학생들은 누구나 체육을 좋아하고 사랑한다. "이 체육 활동이 과연 아이들의 목표 대학에 지대한 영향을 미칠까?" 하고 물어본다면, "그렇다"라고 확답할 수 있다. 체육 관련 활동을 통해 나를 개발해야 한다. 그리고 선생님에게 끊임없이 나를 알리고 소통해야 한다. 면접장에서 평가위원에게 내 생각을 정확하게 어필할 수 있어야 한다. 이것은 1~2주 이내의 짧은 기간 연습으로 절대 만들어낼 수 없다.

코로나19가 끝났다고 해서 안도하고 숨 돌릴 틈이 없다. 미리 정보를 파악하고, 지금이라도 코로나19에 대응하는 입시 전략에 맞춰 진행해야 한다. 그렇게 되면 위기가 곧 기회가 될 수 있다. 누구나 다 하는 체육 활동을 하라는 것이 아니다. 기회로 만들기 위해 끊임없이 연구하고 분석해야 한다. 공감대를 형성하면서도 나만의 색깔을 담는 활동을 해야 한다. 그렇게 된다면 체대학종이 목표 대학 합격의 핵심이 될 수 있다.

학부모들은 이미 인지하고 있을 것이다. 정말 큰 문제는 현 고등학교 1, 2학년 학생들의 시계가 중학교 졸업식에서 멈춰버렸다는 것이다. 코로나19 때문에 언택트 시대에 맞춰 고등학교 입학식이 제대로 열리지 않았다. 입학식은 고등학생의 시작을 알리는 중요한 행사다. 아이들은 계속해서 중학교 틀 안에 갇힐 수밖에 없었다. 고1, 고2가 아닌 중4, 중5가 되었다.

이 상황에서 스스로 문제점을 자각하고 중학생에서 벗어나 고1, 고2가 된 학생들은 자연스럽게 성적 상위권이 되었고 그렇지 않은 학생들은 중하위권으로 떨어지게 되었다. 시간이 지날수록 성적 양극화 현상은 더 극대화될 것이다. 이 상황을 늦게 자각할수록 이미 손쓰기 어려운 시점에 이를 수도 있다.

나는 최근 2021, 2022학년도 서울대학교 체육교육과 수시를 포함해 성균관대, 한양대, 이화여대 등 체대학종을 통해 10여 년간 수많은 학생을 명문대에 진학시켰다. 단순히 대학 합격을 넘어 아이의 올바른 입시 준비 방향을 수립하기 위한 자세를 만드는 데 초점을 두었다. 그러기 위해서 아이들이 누구나 좋아하는 '체육(스포츠)'을 최대한 활용해 학습 동기부여를 자극했다. 체대학종을 준비하는 과정만으로도 대학을 넘어, 아이의 종합적인 인생 설계가 가능했다.

이제 위드 코로나(방역 체계를 구축해 코로나19와의 공존을 준비해야 한다는 뜻)를 지났다. 그리고 세계적으로 포스트 코로나 시대를 맞이했다. 또 한 번의 변화가 예고된다. 우리의 입시도 그 흐름에 맞춰 대비해야 하는 시기다.

앞서 이야기했듯이 코로나19 이전의 시대로는 돌아갈 수 없다.

입시는 더 치열해질 것이다. 학생뿐 아니라 학부모들도 혼란스럽고 어렵지만 체대학종 준비는 분명 좋은 기회다.

지금이라도 준비하라.

포스트 코로나 시대에 체대학종은 우리 아이를 명문대로 이끌어줄 것이다.

김민중, 한지훈

차 례

1장
상위 1% 수험생만 아는
체대학종으로 대학 가기

2장
명문대로 이끌어줄
체대학종 필승 전략

3장

9등급이 1등급을 역전하는
만점 생기부 만들기

4장

합격의 화룡점정,
면접 필승 전략

5장

체대학종에 대한
오해와 진실

6장

체대입시의 신이
알려주는 전략 포인트

EXAM

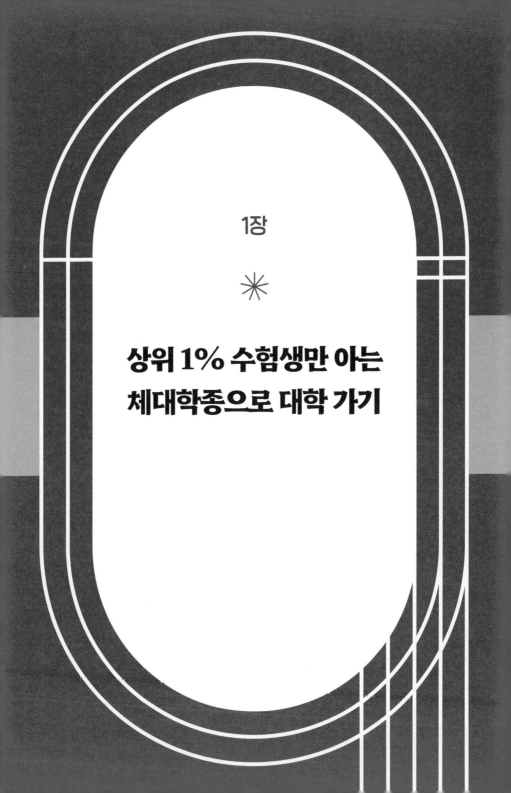

1장

✳

상위 1% 수험생만 아는
체대학종으로 대학 가기

고1, 고2에게 닥친
위드 코로나 시대의 입시

2019년 12월, 이날 코로나바이러스 감염증-19(COVID-19, 이하 코로나19)가 세상에 모습을 나타냈다. 당시에는 사실 위기는커녕 단순 감기 수준의 병으로 판단하고 넘기는 분위기였다. 하지만 이 코로나19는 전 세계적 대유행 바이러스가 되었고 우리의 삶을 송두리째 뒤집어놓았다. 2020년 2월에는 국내에 첫 확진자가 나오고 사회 전반적인 분위기가 부정적인 방향으로 흘러갔다. 확진자가 급증하면서 재택근무 실시, 행사 자제, 친인척 간 방문 자제 등이 시행되었다. 정부가 2020년 6월 28일, 사회적 거리 두기(코로나19의 지역사회 감염 차단을 위해 시행된 정부의 권고 수칙)를 발표하면서 본격적인 코로나 시대가 시작되었다. 범국민적, 사회적 변화에 우리 아이들의 보금자리인 학교도 동참할 수밖에 없었다. 안타깝게도 이 변화에 우리 아이들과 학부모들은 아직 적응할 수 없었다. 더 큰 문

제는 준비조차 되지 않은 상태에서 고스란히 코로나19 시대에 맞
닥뜨렸다는 것이다.

고1 vs 중4, 성적 양극화

코로나19는 우리 생활에 깊숙이 파고들었다. 특히 학부모들에
게 가장 민감한 '입시'에 큰 영향을 주었다. 당장 그 영향을 못 받았
다고 느낀다면 더 큰 문제다. 2022년도 기준, 42만 8,773명(교육통
계사이트, 2021년)이 중학교에서 고등학교로 진학해 고1이 되었다.
방역 정책으로 인해 입학식을 할 수 없었는데 3년 차에 들어서는
코로나 시대에 고3, 고2 학생들도 처지가 다르지 않다.

우리에게 고등학교 입학식은 어떤 의미였을까? 입학식은 중학
교까지의 어린 티를 벗어내는 자리다. 새로운 교복을 입고 마음을
다잡는다. 선배들의 환영 박수는 설렘과 긴장감을 동시에 안겨준
다. 대표자의 환영 인사는 이 복잡한 감정을 잘 정리해준다. 이렇
게 입학식은 학생 개인에게도 상당히 중요한 의미가 있다. 불행하
게도 이러한 입학식 없이 고등학생이 되었다. 고등학교 1학년이
아니라, 중학교 4학년이 된 셈이다.

상황이 이렇다 보니 다른 문제가 생겼다. 아직 마음은 중학생인
데 어쩔 수 없이 고등학생인 척해야 했다. 마음가짐과 행동도 아직
어리다. 중학생의 모습을 제대로 벗지 못해 학습 습관을 제대로 잡

을 수 없다. 성적이 아니라 당장 아이의 생활 방식(루틴)이 걱정이다. 이와 같은 문제들은 궁극적으로 학생 간의 격차를 자연스럽게 벌렸다. 소수의 학생은 팬데믹, 입학식 등 여러 상황과 관계없이 올바른 고교 생활을 했다. 결론적으로 '성적 양극화' 현상이 고등학교 1학년부터 일어난 것이다. 올바른 생활 방식의 고등학생과 아직 어린 티가 팍팍 나는 중학생은 경쟁의 시작점부터 다르다. 이렇게 코로나 시대는 우리에게 많은 영향을 미쳤다. 다시 강조하지만 이 영향을 미리 알아채지 못했다면 이미 손쓸 수 없는 상황일지 모른다.

코로나19가 바꾼 학교생활, 온라인 수업

세계적인 전염병이었던 장티푸스, 흑사병, 스페인독감 등은 사회적으로 엄청난 영향을 미쳤다. 장티푸스로 인해 아테네가 무너졌고, 흑사병으로 인해 중세 시대가 막을 내렸다. 스페인독감으로 그 당시 세계 인구의 5% 정도에 해당하는 1억 명에 가까운 사람이 죽었다. 흑사병보다 더 짧은 기간에 많은 사람을 사지로 몰았다. 이렇게 팬데믹은 사회 전체뿐 아니라 개개인에게도 영향을 주었다.

코로나19라는 범국가적 팬데믹은 우리의 학교까지 영향을 미쳤다. 우리 아이들이 아직 정상적인 고등학생의 모습을 갖추지 못한 것은 개인적인 성향 때문이 아니다. 전반적으로 학교가 변했다. 우리의 몸이 살아남기 위해 분주하게 움직이듯이 학교도 이 상황을 벗어나기 위해 탈바꿈했다.

가장 큰 변화는 '온라인 수업'의 시작이었다. 학교에서 온라인 수업을 시행한다는 소식을 접했을 때, '코로나19 이전의 시대와는 완전히 다른 상황이구나!'라고 실감했다. 이 책을 읽고 있는 교사들은 아마 공감할 것이다. '교실'이라는 공간이 단순히 수업하는 장소가 아니라는 뜻이다. 최근에 등교 수업이 늘어나면서 교실의 의미를 다시 새기고 있을 것이다. 교실 자체가 주는 교육이 있었는데, 그 교실을 모니터 속 화면으로 대체하게 되었다.

최근 교육부는 코로나19 이후에도 온라인 수업을 유지하거나 확대한다고 발표했다. 코로나19 이전 시대로 돌아가기는 어려울 것 같다. 그렇기에 교실이 해주었던 교육의 의미를 대체할 수 있는 활동을 계속 찾아봐야 한다.

우리 아이의 입시 돌파구를 찾아라

기업의 자동화로 직업군에 많은 변화가 생겼다. 예를 들어 하이패스(주행 중인 차 안에서 고속도로 통행료를 무선통신으로 지불하는 전자요금 징수 시스템)의 발전으로 통행료 징수 요원이 사라졌다. 하지만 다시 보면 하이패스를 관리하는 직원, 기계를 만드는 회사 등 다른 측면에서 새로운 부가가치 산업이 등장했다. 사회적인 변화는 부정적인 면이 있다면 분명 긍정적인 면도 존재한다.

온라인 수업이 유지, 확대될수록 상대적으로 코로나19 이전보다 체육 등의 활동 수업이 적어질 수밖에 없다. 코로나19 이전의 체육 수업을 완벽하게 대체할 수 있는 운동(수업) 프로그램이 개발된다면 아마도 노벨체육학상(실제 존재하지 않음)을 받을 수도 있을 것이다.

나는 코로나19로 인한 온라인 수업의 확대가 부정적인 영향만 있다고 생각하지 않는다. 동적인 활동을 대체할 수 있는 수업이나 운동 프로그램 등에 적극적으로 참여한다면 상황은 달라질 수 있다. 비단 운동이 아니더라도 스포츠 종목에 대한 분석, 통계 등으로 다양한 활동을 해낼 수 있다.

꼭 체육으로 진로를 정하지 않더라도 대부분의 학생들은 체육을 좋아한다. 직접 행동하는 동적인 체육과 분석 위주의 정적인 체육 등 다양하게 활동하는 것만으로도 우리 아이에게 '기회'가 될 수 있다. 그 기회를 잘 활용하는 모습을 담임선생님이 알아챈다면 학교생활기록부에 고스란히 적힌다. 아직 중학생 티를 못 벗어난 우리 아이지만 체육 활동으로 새로운 돌파구를 찾을 수 있다. 그 돌파구가 바로 체대학종이다.

체대학종이 기회다

체대학종은 지금의 상황과 상관없이 소수만 알고 있는 입시전형이었다. 하지만 위드 코로나, 포스트 코로나 시대에 체대학종은 상위권 대학 합격의 중요한 열쇠가 될 수 있다. 고1, 고2에게 닥친 코로나 시대의 입시가 새로운 돌파구가 되었다. 체대학종은 체육을 사랑하고 좋아하는 우리 아이들의 진로를 새롭게 바꿔줄 것이다. 이미 많은 학부모들이 움직이고 있다. 늦었다고 생각할 때가 가장 빠를 때이다. 코로나 시대에 체대학종을 통해 우리 아이의 목표 대학 합격을 현실로 만들기를 응원한다.

체육대학을 부모님이
먼저 권하는 시대

대한민국은 나눔의 민족이다. 그 힘든 6·25전쟁 상황을 극복하고 G7(미국·영국·프랑스·독일·이탈리아·캐나다·일본 선진 7개 국가를 지칭) 정상회의에 2년 연속 초청될 만큼 경제 발전을 이룩했다. 이러한 역경을 극복한 역사적인 상황을 볼 때 우리 민족은 좋은 것을 나누려는 성향이 강한 것 같다. 특히 내 가족에게는 정말 좋은 것을 나누려고 한다. 나만 알고 있는, 정말 좋다고 판단되는 가치 또는 물건이 있다면 가족이나 친인척처럼 정말 가까운 사람에게만 알려주려 한다.

경제 발전으로 삶의 여유를 가지게 되자 여가, 스포츠 등에 대한 관심이 크게 올라갔다. 그리고 위생과 병원의 발달로 인간 수명이 늘어나자 고령화 시대에 접어들었다. 통계청은 2020년 노년층 인구가 약 690만 명에 달해 전체 인구의 10%를 넘어설 것으로 보고 있다. 그러면서 자연스럽게 수명 연장과 건강 유지에 큰 관심을 두게 되었다. 이러한 시대적 사회적 상황에 건강 유지를 위한 체육 (스포츠)활동이 많아지고 체육대학 지원율도 상당히 높아졌다. 이전에는 아이들이 체육대학을 선호했다면 이제는 오히려 부모들이 체육대학을 권하는 시대다. 다른 사람에게는 적극적으로 추천하지 않아도 내 아이에게는 적극적으로 권장하고 있다.

2012년 체대입시클리닉에 게시된 체육대학 '정시 최고 경쟁률 TOP10 Data'를 보면 2013학년도에는 3,812명 지원이었던 데 반해 2019학년도에는 4,190명이 지원해 약 400여 명이 증가했다. 학력 인구 저하를 감안하면 체육대학 지원 인원 자체가 증가한 것은 상당히 중요한 의미가 있다. 2022학년도에는 지방권 체육대학 경쟁률이 하락할 때 서울과 수도권 체육대학은 오히려 상승했다. 이것은 일시적인 현상이 아니며 앞으로도 계속 이어질 것이라고 예상한다. 체육대학 경쟁률이 상승하고 인기도 올라갔지만, 처음부터 긍정적이었던 것은 아니다.

체대 하면 먼저 떠오르는 대학, 한체대

스포츠는 개인의 건강 유지와 삶의 질을 향상하기 위한 목적으로 활용된다. 그러나 개인적인 목적 외에도 스포츠는 국가 발전에 활용되기도 한다. 1976년 12월 30일에 국립학교 설치령(대통령

령 제8322호)에 의거해 한국체육대학교가 설립(한국체육대학교 학교 정보 연혁 안내 기준)되었다. 국제대회에서 치열한 경쟁을 펼칠 수 있는 선수와 그 선수를 훈련하는 지도자를 배출하기 위해 당시 노원구 공릉동에 개교했다. 그리고 10년 뒤인 1985년 오륜동에 위치한 현 캠퍼스로 이전하면서 본격적인 엘리트 체육이 시작되었다.

올림픽과 아시안게임 등의 국제적인 경기에서 눈부신 성과를 거둬 대한민국의 위상은 날로 높아졌다. 엘리트 체육을 중점으로 육성한 정책이 효과를 발휘했다. 그러나 한편으로는 한국체육대학교 하면 선수 중심의 학교가 떠오른다. 2022년 현재도 한체대 하면 아직도 그런 편견이 존재할 정도다.

예전 4050 세대의 부모님은 한체대와 엘리트 체육의 성장이 맥을 같이한다는 인식이 강하게 자리 잡혀 있었다(실제 내 부모님도 그랬다). 선수가 아닌 자녀가 체육대학 진학을 고민하면 부정적으로 생각할 수밖에 없었다. 또한 선수들은 학업에 소홀하다는 사회적 인식도 한몫했다. 체대를 간다고 하면 고등학교 때도 공부를 하지 않을 거라고 생각했다. 실제로 그 당시 성적보다 실기 중심의 입시전형에도 문제가 있었다.

이제 공부도 잘해야 들어갈 수 있는 체육대학

예전에는 '체대' 하면 떠오르는 것이 한국체육대학교, 선수, 엘리트 체육, 체육 지도자 등이었다. 이러다 보니 '체육대학 = 지도자 양성(교사 포함)' 정도로만 생각했다. 하지만 체육대학은 한체대만 국한되는 것이 아니라 체육 관련 학과가 설치된 대학이 모두 포함된다. 대표적으로 서울대학교 체육교육과, 고려대학교 체육교육과, 연세대학교 체육교육과가 있다. 전국에는 26개 대학에 체육교육과가 설치되어 있다. 사범대학 체육교육과 외에도 다양한 체육 관련 전공이 개설되어 있다. 크게 다음 다섯 가지로 분류한다.

- 스포츠교육 계열(체육학과, 체육교육과, 사회체육학과, 스포츠지도 등)
- 스포츠과학 계열(체육과학과, 스포츠과학과, 운동과학 등)
- 스포츠의학 계열(운동처방, 스포츠재활, 특수체육, 스포츠의학, 스포츠 건강 등)
- 스포츠경영 계열(스포츠마케팅, 스포츠산업, 스포츠매니지먼트, 스포츠 경영학 등)
- 경호무도학 계열(경호비서학과, 시큐리티매니지먼트, 태권도학과 등)

일반적으로는 체육교육과만 생각할 수 있다. 최근 7080 부모 세대는 학력 수준이 높고 많은 정보의 습득으로 다양한 전공이 개설되어 있다는 것을 알고 있다. 그래서 진로에 대한 부분도 상당히 긍정적으로 생각한다. 아이의 선호와 부모님의 지원이 더해지면서 체육대학의 인기가 날로 높아지고 있다. 인기(경쟁률)가 올라가는 만큼 실제 교내 1등도 체육대학 진학을 생각할 정도로 학업 수준이 상승했다. '체대를 가려면 공부도 잘해야 한다'는 인식이 자리 잡게 된 것이다. 우리 아이가 좋아하는 체육을 할 수 있으니 공부에 대한 동기부여도 높아진다. 이제 부모님이 체육대학을 권하는 시대다. 코로나 시대에 접어들어 건강, 위생에 관한 관심이 가속화되었다. 경쟁력 있는 친구들이 체대를 지원하고 AI 시대가 오더라도 체육대학의 인기는 계속 상승할 것으로 예상한다.

학업에 대한 자녀의 관심이 올라갈수록 수능 외에 다양한 입시 전형을 신경 쓸 수밖에 없다. 교과활동, 비교과활동 등 세세하게 고교 생활을 해나가면서 자연스럽게 학교생활기록부의 내용이 양질로 채워진다. 체육대학 진학에는 실기 전형도 있다. 하지만 체육대학 학생부종합전형의 요건을 갖추고도 자신의 능력을 모르고 지나치는 학생들이 많다.

체대학종이 명문 대학 합격의 좋은 기회가 될 수 있다. 학교생활을 충실히 하면서 체육을 좋아하는 학생이라면 누구나 체대학종에 도전해볼 수 있다. 원하는 대학에 합격할 수 있는 소중한 기회를 잡기를 간절히 바란다.

이미 1%의 수험생들은
움직이고 있다

불공정한 입시

현재 우리 사회가 공평하다고 생각하는가? 사실 현대사회는 경쟁의 연속이며 불공정 사회이다. 양질의 정보, 부모님의 재력, 아이 개별의 상황에 따라 시작점 자체가 다르다. 부모님 세대 때만 그런 것이 아니다. 오히려 우리 아이들은 부모님 세대보다 더 치열한 경쟁을 하고 있다. 안타깝게도 우리 아이들에게 가장 좋지 않은 상황이 대학입시다. 하지만 그렇다고 현실을 한탄하고 있을 수만은 없다. 이미 현실을 직시하고 움직이는 부모님들이 있다. 지난 입시에서 아이가 갈 수 있는 대학의 수준보다 더 높여서 합격한 사례가 적지 않다. 어떻게 이런 것이 가능했을까? 나 자신을 정확하게 알았기 때문이다.

보통의 학생은 나 외에 다른 학생들을 경쟁자로 생각한다. 경쟁자는 무조건 이겨야 한다는 생각이 오래갈수록 나를 바라보는 범위가 좁아질 수밖에 없다. 문제는 나를 제대로 파악하기는커녕 남들이 하는 것을 따라가기에 급급하다는 것이다.

1949년 노벨문학상을 수상한 작가 윌리엄 포크너(William Cuthbert Faulkner)는 이런 명언을 남겼다. "남들보다 더 잘하려고 고민하지 말라. '지금의 나'보다 잘하려고 노력하는 것이 중요하다(Don't bother just to be better than your contemporaries or predecessors. Try to be better than yourself)." 남들 다 하는 입시전형을 따라 하기보다 나에게 유리한 전형이 어떤 것인지를 찾아야 한다. 남들 다 하는 전형은 경쟁률이 높은 만큼 나보다 뛰어난 경쟁자들이 많다. 그래서 이미 1%의 수험생들은 유리한 전형을 찾기 위해 움직이고 있다.

다양한 체육대학 입학전형 방법

체육대학 입학시험(체대입시)를 생각하면 크게 정시와 수시를 떠올린다. 정시는 수능과 실기를 종합적으로 평가하는 일반전형, 수시는 실기 중심의 실기우수자전형이 대표적이다. 그래서 정시를 생각하면 '수능', 수시를 생각하면 '실기'에 집중하는 것이 일반적인 입시 준비 방향이다. 이렇게 생각할 수밖에 없는 이유는 단순하나. 어렵고 다양한 입시전형 때문이다. 특히 수시전형은 정시전형보다 훨씬 다양하다.

- 실기우수자전형
- 학생부종합전형
- 교과우수자전형
- 특별전형
- 논술전형
- 특기자전형

특기자전형은 제외하더라도 실기우수자, 교과우수자, 논술 전형은 익히 알고 있다. 하지만 체육대학에 학생부종합전형이 있다는 것은 잘 모른다. 심지어 고3 입시가 끝나고 재수 상담을 할 때 알게 되는 경우도 많다. 개인적으로 재수에서 정시를 열심히 준비하다 수시 학생부종합전형으로 합격하는 학생들이 가장 안타깝다. 고3 때 지원했어도 합격했을 확률이 높기 때문이다.

체대학종으로 합격한 학생들 중에 고3 때 갑자기 준비한 경우는 드물다. 최소한 고2 초반부터 시작한다. 최근에는 고1, 심지어 중학생 부모들도 학생부종합전형을 미리 파악하고 움직인다. 고교 입학부터 이미 입시 격차가 벌어지고 있는 셈이다. 이렇게 소수의 학부모들은 지금도 체대학종으로 목표 대학 합격을 준비하고 있다. 이들은 정보를 미리 파악하고 움직일 뿐이다. 그 사소한 차이로 인해 아이의 합격과 불합격이 갈릴 수 있다. 앞에서 언급했듯이 입시는 공정하지 않다. 학교 담임선생님이 친절하게 알려주지도 않는다. 학교의 설립 목적은 학생의 가치관 교육이지 대학입시가 아니기 때문이다. 그렇기에 목표 대학 합격을 위해 학교에 의지할 것이 아니라 주도적으로 움직여야 한다. 지금이라도 체대학종이 우리 아이에게 맞는 전형인지 파악하고 대비해야 한다.

최근 체육대학 학생부종합전형의 경쟁률이 계속 상승하고 있다. 인문·자연계 지원자들이 늘어나고 있지만 아직 체대학종은 소수 1%만 아는 마이너(Minor) 전형이다. 이미 체대학종을 알고 있더라도 우리 아이가 해당될지 의심하는 학부모들이 대다수다. 심지어 체계적인 준비 없이, 수시 원서접수 기간에 그냥 찔러 넣어보는(?) 허수표본이 대부분이다.

체대학종을 알고 이미 움직이는 상위 1%의 수험생에 포함되길 바란다. 체계적으로 준비해서 합격권에 들어가는 실표본이 되자. 그렇게 되면 체대학종을 준비하는 과정에서 우리 아이가 원하는 목표 대학에 한 걸음씩 다가갈 수 있을 것이다.

지금도 늦지 않았다. 알았다면, 움직이자!

누구나 다 하는 체육,
체대학종을 기회로

우리는 어릴 때 다양한 운동을 많이 했다. 대한민국 남자들 중에 어릴 때 태권도를 안 해본 사람은 거의 없을 것이며, 여자라면 수영, 발레 등을 해봤을 것이다. 그 외에도 부모님과 함께 야구장, 축구장에 가서 프로 스포츠를 현장에서 즐겼다. 이렇게 직접 보고 즐기는 것도 체육의 범주에 속한다.

2002년 6월, 대한민국 국민이라면 누구나 기억하는 것이 바로 2002 FIFA 한일월드컵이다. 2002년 6월 한 달간 한국과 일본 공동 개최로 진행된 월드컵에서 대한민국은 사상 첫 16강 진출과 더불어 4강 진출이라는 쾌거를 이뤘다. 지금의 학생들은 공감 못 할 수도 있지만, 40~50세대 학부모들은 그 짜릿한 현장 속에 있었다. 안정환 선수의 16강 확정 역전 골, 히딩크 감독의 어퍼컷 세러모니(Ceremony), 홍명보 선수의 4강 진출 확정 슛 등 아직도 그때를 생각하면 홍분되고 설렌다. 온 국민이 '2002 월드컵'을 정확하게 기억하고 있다.

사람은 기본적으로 익숙하고 흔한 것에 무감각한 편이다. 그래서 우리는 먹고, 자고, 입는 활동에는 특별한 의미를 부여하지 않는다. 배가 고프면 먹고, 피곤하면 자는 것은 어쩌면 당연한 일이다. 하지만 우리는 기본적인 신진대사에 필요한 활동으로 인해 중요한 것을 놓치고 있다.

취학 전 유소년 시절에 하는 가정체육(Family Recreation)도 일반적으로 다 하는 활동이라고 생각한다. 가족이 함께하는 대표적인 활동으로 놀이터, 배드민턴, 탁구, 등산, 자전거 등이 있다. 이런 소중한 경험을 부모님은 아이의 성장 과정에서 당연한 것으로 취급해버린다. 그러다 보니 아이가 자라서 하는 체육 활동에 크게 의미를 두지 않는다.

우리는 이 시점에서 생각해봐야 할 것이 있다. 어떤 것을 체육 활동이라고 규정할 수 있을까? 월드컵을 보고 즐기는 것도 체육 활동이다. 월드컵과 관련한 모든 활동이 포함된다. 체육이라는 범주는 생각보다 상당히 넓다. 우리가 즐기고, 느끼고, 설레는 모든 분야의 활동을 체육 활동이라고 할 수 있다. 체육은 우리의 삶에 자연스럽게 스며들어 있었다. 그리고 지금도 우리는 체육 활동을 영위하고 있다.

체육 활동을 안 하는 아이는 없다

체육은 크게 학교체육과 사회체육으로 나눌 수 있다. 학교체육은 학교 교육과정으로 배우는 것이다. 사회체육은 가정체육을 포함해 영리 목적과 무관한 활동이다. 다른 측면으로 보면 사회체육의 연장선이 바로 학교체육이라고 할 수 있다. 아이들이 유소년 시절 행했던 모든 활동에 교육적 의미를 담을 수는 없다. 하지만 나는 학생들과 초반 면담을 할 때, 이러한 활동이나 경험을 중요하게 생각한다. 대화를 해보면 어떤 활동을 했느냐에 따라 아이의 가치관과 성향이 다르다. 그에 따라 전공 적합성도 다양하게 나뉜다.

내재적으로 조금씩 다를 수는 있으나 아이들은 '체육 DNA'를 가지고 있다. 체육은 행동생물학(Ethology)적으로 크게 동적(Dynamic) 체육과 정적(Static) 체육으로 구분할 수 있다. 쉽게 설명하면 체육하는 것을 좋아하는지, 보는 것을 좋아하는지, 분석(분류)하는 것을 좋아하는지로 나뉜다. 예를 들어 축구를 친구들과 같이 즐기는 것을 좋아할 수 있다. 아니면 축구 경기 보는 것을 좋아할 수 있다. 그 외에 선수의 움직임, 신체 능력, 습관, 컨디션, 구단 계약 과정을 비교하고 통계를 내는 것에 흥미를 느낄 수 있다. 이러한 모든 활동이 체육의 범주에 포함된다. 이렇게 우리는 체육을 교내외 또는 가정에서 자연스럽게 영위하고 있었다.

생활기록부에 이미 기재되어 있는 체육 요소

체육은 누구나 다 하고 있다. 직접적으로 인지하지 못할 뿐 전국의 모든 수험생들이 체육 활동을 하고 있다. 그러한 활동은 이미 학교생활기록부에 기재되어 있다. 직접적인 표현이 아니더라도 세밀하게 살펴보면 그러한 요소들이 작성되어 있다. 국어 시간에 읽은 문학작품, 미술 시간에 했던 과제, 동아리활동에 시청했던 영화, 도서 등 학교생활기록부의 기재 요소인 '세부능력 및 특기사항(이하 세특)'에 이미 서술되어 있는 것이다. 예를 들어 국어 시간에 접한 작품《두근두근 내 인생》(2011, 김애란)이 운동 프로그램으로 연결될 수 있다. 과학탐구 실험에서 신소재를 활용한 수행평가를 통해 내가 좋아하는 선수의 경기력 향상을 위한 유니폼 제작을 꿈꿔 볼 수 있다. 음악 시간에는 피아노 반주를 활용한 운동심리치료에 관심을 가져볼 수 있다. 이렇게 체육 요소를 잘 활용할 수 있는 것이 바로 체육대학 학생부종합전형의 핵심이다.

일반적인 학부모들은 자녀가 체육대학을 지원하겠다고 하면 덜컥 걱정부터 한다. 반대로 소수의 부모들은 자녀에게 체육대학 진학을 먼저 권하고 입시 초반 합격할 수 있는 유리한 지점을 발 빠르게 점령한다. 그만큼 합격률이 높을 뿐만 아니라 명문대 진학도 노려볼 수 있다. 실제로 서울대학교, 성균관대학교, 한양대학교, 이화여자대학교 등에서 체육대학 학생부종합전형으로 매년 신입생을 선발하고 있다. 간혹 아이들이 체육에 지나치게 흥미를 보이면 부모는 걱정이 앞선다. 하지만 아이들의 체육 활동을 다른 시각으로 바라보고 존중해주어야 한다.

　이 체육이 우리 아이를 명문대 진학으로 이끌어줄 것이다. 꼭 대학 진학이 아니더라도 최소한 꿈을 향해 열정적으로 달려가는 모습을 확인할 수 있을 것이라고 확신한다.

좋아하는 체육이
대학의 레벨을 바꾼다

세상 사람들을 두 부류로 나눌 수 있다. 좋아하는 일을 하는 사람과 좋아하지 않는 일을 하는 사람이다. 좋아하는 일을 하는 사람이 당연히 행복하다. 그런데 좋아하는 일을 하는 사람 중에 더 행복하고 성공한 사람은 누구일까? 바로 그 좋아하는 일을 하면서 돈을 벌거나 어떠한 일을 성취한 사람이다. 그런 사람은 소수에 불과하다고 반문할 수 있지만 자세히 들여다보면 그런 사람들을 아주 가까이에서 발견할 수 있다.

야구에 미친 아이

내가 청소년 시절에 야구를 좋아하는 '이철'(가명)이라는 형이 있었다. 내 기억에는 단순히 야구를 남들보다 좀 더 좋아하는 형이었다. 그는 야구를 그렇게 잘하는 것 같지는 않았다. 그러나 야구를 바라보는 시선이 남달랐다. 나 또한 야구를 좋아해서 종종 야구에 대해 이야기를 나누곤 했다.

어느 날 그의 집에 가서 방을 둘러보다 흥미로운 것을 발견했다. 도면 같은 것을 자세히 살펴보니 모눈종이에 사람 형상을 그려놓은 것이었다. 관절 단위에 점을 찍어 특별한 동작을 분석해놓았던 것이다.

사람 형상은 바로 일본 야구 선수 스즈키 이치로였다. 2001년 시애틀 매리너스로 이적해, 350(3할 5푼)이라는 엄청난 타율을 기록한 레전드 선수다. 그 선수의 타격 폼을 모눈종이에 옮겨 분석하고 있었던 것이다. 나도 흥미를 가지고 관절 각도에 점 찍는 작업을 도와주기도 했다. 그렇게 완성된 분량은 무려 100여 장이 넘었다. 그 종이를 책 넘기듯 빠르게 돌려보면 이치로 선수의 타격 폼이 재생되었다. 생각보다 이치로 선수와 비슷해서 더 놀라웠다.

평소 분석하는 것을 좋아하는 형이라고는 생각했지만 이 정도일 줄은 상상도 못 했다. 이후 그는 서울의 명문 체육대학에 진학했다. 당시 이러한 활동을 반영하는 전형이 없었다. 하지만 나는 진학의 과정이 이러한 성향과 무관하지 않았다고 생각한다. 야구와 관련된 활동을 학교생활기록부나 자기소개서에 표현할 수 있었다면 분명 체육대학 학생부종합전형으로 좋은 결과가 있었을 것이다.

마니아가 성공하는 시대

    당시 그의 활동은 지금 보면 그리 대단하지 않을 수 있다. 100장이 넘는 모눈종이의 사람 형상은 별거 아닐 수 있다. 1초당 3000fps (Frame Per Second, 초당 촬영수)이 넘는 초고속 카메라가 흔한 시대에 살고 있으니 말이다. 하지만 지금 생각해보면 정말 대단한 체육 메커니즘을 가지고 있었다. 운동역학에서 나올 법한 인체 관절의 좌표점을 배우지도 않았는데 정확하게 이해하고 있었다. 그리고 벡터에서만 나올 수 있는 각 근육의 모멘트에 대한 이해도가 높았다. 아무리 삼성 갤럭시나 애플 아이폰의 슬로 모션(Slow Motion) 촬영이 뛰어나다 해도 지금의 아이들이 이런 이해도를 갖추기 어렵다. 이렇게 누구나 좋아하는 체육을 더 깊은 시선으로 바라보면 남들보다 앞서 나갈 수 있는 무기가 된다.

- 축구 좋아하는 학생
- 축구 경기 보는 것을 좋아하는 학생
- 축구공 재질이 궁금한 학생
- 축구공이 회전하는 원리가 궁금한 학생
- 축구 유니폼 후원 기업이 궁금한 학생
- 특정 축구선수가 남들과 다른 점을 찾는 학생
- 지금보다 축구를 더 잘하고 싶은 학생
- 전국에 어떤 축구선수들이 있는지 궁금한 학생

• 축구장에 개설된 매점 입찰이 궁금한 학생

'축구'를 내가 좋아하는 다른 종목으로 바꾸어도 무관하다. 그러면 우리나라 전체 학생이 위의 예시에 포함될 것이다. 모두 체육대학 학생부종합전형으로 지원할 수 있는 셈이다. 점수 맞춰서 아무 대학에 지원하는 것이 아니다. 전공 적합성에 맞는 '스포츠과학', '스포츠경영' 등의 전공이 설치된 대학으로 지원할 수 있다.(대표적으로 성균관대학교, 국민대학교, 서울과학기술대학교, 한양대학교 스포츠사이언스, 서울시립대학교 등이 있다.) 운동을 잘하고 못하고는 상관없다. 체육을 남들보다 조금 더 사랑하는 마음만 있으면 충분하다.

이렇게 내가 좋아하는 체육으로 체육대학 학생부종합전형의 기회를 살릴 수 있다. 그리고 내가 좋아하는 체육으로 목표 대학에 합격할 수 있다. 그렇게 되면 초반에 언급한 것처럼 여러분이 세상에서 가장 행복한 사람이 될 수 있다. 지금부터라도 내가 좋아하는 체육을 더 사랑하고 분석하자. 어느새 목표로 하는 체육대학에 가까워져 있는 자신을 발견할 것이다.

운동 못하는 우리 아이도
체대 갈 수 있다

"이제 시작해도 될까요?"

"우리 아이도 가능할까요?"

매년 학기 초인 3~4월이 되면 나는 강연을 한다. '체대입시 토크
콘서트 전국투어'를 통해 다양한 학생과 학부모들을 현장에서 직접
만나 소통한다. 이 강연을 신청하려면 사전 질문을 작성해야 한다.
항상 공통적으로 받는 질문이 있는데 그중에 인상 깊었던 것을 소
개한다.

공부 잘하던 (나름 과학고등학교가 목표였던) 아이가

갑자기 운동을 하고 싶다고 합니다.

친구들과 농구, 축구, 탁구, 볼링 등을 하며 공부 스트레스를 푸는 정도

였는데 이제 와서 운동하면 행복하다고 합니다.

특기 종목이 있는 것도 아니고…….
이제 와서 무슨 운동을 하겠다는 건지 답답하네요.

아무것도 모르는 중딩 엄마입니다.
체육학과 입시 준비에 대해서는 전혀 모르는 사람입니다.
지금부터 준비해도 되는 건가요?

이런 질문을 받았을 때 먼저 떠오른 생각은 '왜 이렇게 부정적일까?'였다. 운동을 하면 행복하다는 아이인데, 진심 어린 응원이 필요한 때에 의심을 하는 상황이었다. 물론 부모님의 마음을 이해 못하는 것은 아니다. 공부 쪽으로 가겠다는 아이가 갑자기 체육을 하겠다고 하니 말이다. 그리고 특별히 오래 해온 운동(종목)도 없다. 위 질문을 정리하면 부모님의 불안 요소를 파악할 수 있다.

- 체육대학 입시에 대해서 모른다.
- 아이가 갑자기 운동하겠다고 한다.
- 우리 아이는 특기가 없다.
- 지금부터 준비해도 합격 가능한가?

네 가지 불안 요소는 대한민국 부모라면 공통으로 가지고 있을 것이다. 특히 아이가 갑자기 체육대학을 가겠다고 하면 말이다. 하지만 네 가지 불안 요소는 다음의 답변으로 해결할 수 있다.

우리는 특기자전형 목표가 아니다

아이가 체육대학을 진학하겠다고 하면 덜컥 운동선수부터 떠올리는 경우가 많다. 사실 엘리트 체육을 하는 학생들은 초등학교 때부터 전문적으로 배워왔다. 그래서 지금부터 준비해도 될까부터 걱정한다. 체육대학 입시는 크게 일반전형과 특기자전형으로 나뉜다. (내가 집필한 《체대입시의 신》에서도 소개했듯이 수시전형은 특기자전형부터 구분한다.) 우리 아이들은 일반전형으로 준비하기 때문에 운동을 특별히 잘할 필요 없다. 그러니 특기 종목도 필요 없다. 최소한 6개월 이상 체계적인 준비만 한다면 체육 실기고사도 문제없다. 이렇게라도 실기고사를 준비하는 것이 부담된다면 체육대학 학생부종합전형이 있다.

실기 없는 체대학종

체육을 잘하지 않고 체육 실기를 준비하는 것이 부담스러운 학생들도 있을 것이다. 그리고 체육을 평소에 좋아했지만 아직 주변에 이야기하지 못한 학생들도 많을 것이다. 일반 학생 중에 부모님의 반대로 체육대학 진학을 고민하는 학생도 있을 것이다. 이런 경우에는 체육대학 학생부종합전형으로 해결할 수 있다. 체육대학 학생부종합전형은 서울대학교 체육교육과 수시 일반전형 단체종목에서 개별 평가하는 경우를 제외하고는 실기고사를 치르지 않는다. 평소 체육 활동을 즐기고 내신 관리가 잘되어 있다면, 체육대학 학생부종합전형으로 진학할 수 있다. 운동을 못해도 체육대학 진학이 가능하다는 것이다.

오직 대학 진학만을 목적으로 체육대학 학생부종합전형을 지원하는 학생도 있다. 하지만 체육을 싫어하거나 체육 전공 적합성이 낮은 일반 학생들은 억지로 지원한다고 해도 면접에서 대부분 최종 탈락하거나 아예 서류에서 불합격한다. 어차피 합격을 위해서는 체육에 대한 남다른 활동이 필요하다.

운동을 못한다고 불안에 떨지 마라. 우리 아이가 운동에 소질이 없다고 부정적으로 생각하지 마라. 누구나 체육대학 학생부종합전형을 통해 도전할 수 있다. 체육을 아끼는 마음으로 달려나가라. 그 도전의 끝은 반드시 명문 대학 합격일 것이다.

체대학종,
부모의 역할이 중요하다

고등학교 때 부모님은 내가 체대로 진학하는 것을 반대했다. 나의 부모님은 긍정적으로 밀어줬을 거라고 생각하지만 정반대였다. 나는 고등학교 때 운동도 좋아하고, 공부도 좋아했다. 특히 힙합(랩)을 좋아했고, '신노리'라는 풍물동아리 패장(동아리장)으로 활동하기도 했다. 그래서인지 남보다 조금 특이한 학생이었다. 욕심도 많아 어느 것 하나 놓치고 싶지 않았다. 하지만 부모님은 다양한 활동으로 인해 학업을 소홀히 하는 아들을 보고 불안해하셨다. 더구나 체육대학을 가겠다고 하니 더더욱 부정적이었다. 20년이 지난 지금 아버지는 아들의 다양한 활동을 자랑스러워하시고 응원해주신다. 지금은 부자지간에 사이도 좋고 간혹 농담 삼아 고교 시절 이야기를 꺼내곤 한다. 지금은 추억 삼아 이야기하지만 그때 아버지가 나의 체육대학 진학을 적극적으로 밀어주셨다면 어땠을까

하는 생각을 한다.

기숙학원의 제자 A가 3월 모의고사가 끝나고 상담을 요청했다. A는 인문대학 진학을 목표로 기숙학원에 입소했다. 입소 후 내가 체육대학 진학 컨설팅을 한다는 것을 알고 용기를 내 상담을 신청한 것이었다. 예전부터 아이는 체육대학 진학을 꿈꿨지만 아버지의 완강한 반대로 지원할 수 없었다고 했다. 그래서 고3 입시도 원하지 않은 학과를 지원했다. 예상대로 불합격해 재수를 선택했다. A를 만나 먼저 파악한 것은 학교생활기록부였다. 생활기록부를 보고 깜짝 놀랄 수밖에 없었다. 체육을 좋아했던 학생이었던 만큼 체육대학 학생부종합전형 요소가 잘 담겨 있었다. 이후 부모님께 허락받고 정식으로 체대를 지원해보는 것이 어떻겠냐고 권유했다. 외출(기숙학원에서 휴가의 개념)을 나가서 직접 이야기했지만 A의 아버지는 완고했다. 이대로 체대학종을 지원하지 않는 것은 아깝다고 판단했다.(실제 정시 수능 성적이 조금 불안해 수시학종 지원 전략이 유리할 것이라는 분석도 있었다.) 최종적으로 나는 생기부 분석 결과를 믿었다. 아버지가 반대한다면 내가 부모님의 역할을 대신하기로 마음먹었다. 이후 특별한 관리 비용 없이 A의 자기소개서에 기재할 소재 정리 및 첨삭, 면접 컨설팅 등을 기숙학원 내에서 틈틈이 준비해줬다. 그 결과 아이는 원하는 목표 대학에 합격할 수 있었다. 아이가 체대학종으로 상위권 명문대에 합격하자 부모님도 무척 좋아하셨다.

체육=놀이? 아이가 좋아하는 것을 존중하라

어릴 적 놀이터에서 놀아보지 않은 아이들은 없다. 친구들과 뛰어노는 기억은 좋다. 성인이 되어서도 그 시절 놀았던 추억을 떠올리면 항상 달콤하다. 넷플릭스에서 방영된 〈오징어게임〉의 세계적인 인기 비결은 추억의 놀이를 소재로 삼았던 것이 주효했기 때문이다.

그러한 사회적 인식으로 인해 유소년에 즐겼던 다양한 체육 활동을 단순히 그 시절의 '놀이'라고 생각하는 경우가 많다. 체육의 긍정적 의미를 부모님은 한때의 놀이로 폄하해버린다. 그러한 인식으로 인해 아이들의 체육대학 진학을 부정적으로 평가하는 것이다. 심지어 체육대학을 준비하는 것 자체를 뜯어말리는 경우도 적지 않다.

앞서 소개한 철이 형('좋아하는 체육이 대학의 레벨을 바꾼다' 내용 참고)을 떠올리면 문득 이런 생각이 든다. 형의 마니아적인 체육 활동을 지원해주지 않았다면 어땠을까? 이치로 선수의 타격 폼이 기재된 모눈종이는 세상에 없었을 것이다. 설사 몰래 만들어졌다 하더라도 쓰레기통에 처박혔을지 모른다. 그랬다면 그는 명문 체육대학에 진학하지 못했을 수도 있다.

부모의 역할이 학생부종합전형의 핵심

학생부종합전형은 결과보다 과정이다. 체육대학 학생부종합전형도 마찬가지다. 특히 체육이나 스포츠는 경기 결과도 중요하지만 과정이 더 중요하다. 경기 도중에 나타나는 협력, 갈등 극복, 배려, 노력 등이 결과에 지대한 영향을 미치기 때문이다.

우리 자녀의 인생도 마찬가지다. 우리 아이들이 활동하는 모든 과정에 부모의 역할은 매우 중요하다. 내 경우에도 아버지와 달리 어머니께서는 할 수 있는 만큼 지원해주셨다. 재수를 할 때 부족한 용돈을 아버지 몰래 부쳐주시기도 했고, 서울 신촌에서 아르바이트하는 곳까지 찾아오셔서 몰래 얼굴만 보고 간 적도 많았다. 불교를 믿으셨던 어머니는 아들의 대학 진학을 위해 부처님께 기도했다. 어쩌면 체육대학 진학을 떠나서 단순히 아들을 응원해준 것인지도 모른다. 그런 어머니의 간절한 응원 덕이었을까? 나는 체육대학 진학을 이뤄낼 수 있었다.

부모님의 믿음은 곧 합격

체육대학 학생부종합전형에 필요한 체육 관련 활동이 부모님의 눈에는 긍정적으로 비치지 않을 수 있다. 예를 들어 친구들과 축구를 하러 간다거나, 좋아하는 스포츠 구단의 경기를 직접 관람하러

갈 때가 있다. 내가 좋아하는 선수를 분석할 수도 있다. 심지어 관련 동아리를 직접 만들기도 한다. 체육부장으로 활동하면서 특별한 체육대회를 개최해볼 수도 있다.

다양하고 소중한 활동들이 모여서 체육대학 학생부종합전형으로 가는 열쇠가 된다. 그러나 대부분의 부모님이 보기에는 아이가 그저 공부를 안 하는 것으로 비쳐질 것이다. 그런 활동을 할 시간에 공부를 하라고 이야기한다. 안타깝게도 체육 관련 활동을 노는 것으로 판단한다. 그런 부모님의 언행이 오히려 아이의 학습 동기를 꺾어버리는 최악의 결과를 가져온다.

자녀의 목표 대학 합격을 체대학종으로 완성하는 최고의 방법은 단 하나다. 바로 '아이들을 진정으로 믿고 응원해주는 것'이다. 설령 못 미덥고 뭔가 불안해도 기다려야 한다. 부모님이 아이보다 조급해하면 안 된다. 그런 모습이 아이들에게 부정적인 영향을 미친다. 더 여유를 가지고 아이들에게 다가가야 한다. 10점 정도 성적이 올랐다면 100점 받은 것처럼 격려한다. 칭찬하기에 민망한 작은 일이라도 더 다가가서 들어주고 칭찬한다. 노력이 부족해서 시험 성적이 떨어졌더라도 오히려 잘하고 있다고 더 다독여준다. 부모님의 진심 어린 응원만이 아이를 능동적으로 만들 수 있다.

아이를 믿자. 그리고 응원하자. 그 믿음과 응원이 체대학종의 핵심이다.

EXAM

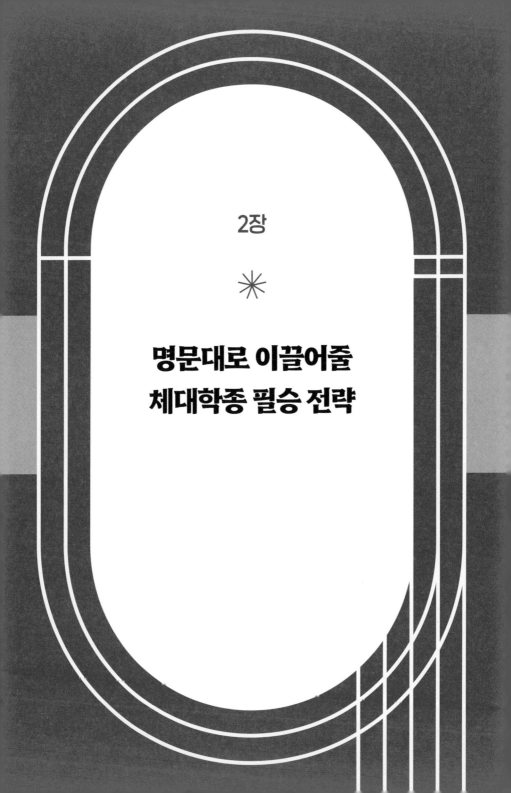

2장

＊

명문대로 이끌어줄
체대학종 필승 전략

입학과 동시에
준비해야 하는 체대학종

- -

봄날의 하루가 가을날 열흘과 같다

학생부종합전형을 준비하는 학생들에게 강조하는 것이 있다. '봄날 하루가 가을날 열흘 맞잡이'라는 속담이다. 여기서 조금 생소한 단어가 바로 '맞잡이'다. 사전적 의미는 서로 대등한 분량 또는 인물 정도로 생각하면 된다. '봄날의 하루가 가을날의 열흘과 같다'는 뜻이다. 그런데 객관적으로 비교해도 어떻게 봄의 하루가 가을의 열흘과 같다고 할 수 있을까?

나의 아버지는 충청남도 아산만 근처에서 20년 이상 농사지어 왔기에 봄날의 상황을 누구보다 잘 안다. 한 해의 농사가 시작되는 봄의 하루는 1년 농사의 성패가 달릴 정도로 아주 중요하다. 그만큼 봄날은 여름, 가을, 겨울의 열흘 이상과 대등할 정도로 아주 중요한 시기다. 벼농사와 입시도 기간이 다를 뿐 상황은 크게 다르지 않다. 학생부종합전형을 준비하는 것에 비유하면 초반의 준비 시기에 목표 대학 합격의 성패가 달려 있다고 해도 과언이 아니다.

체대학종 데드라인의 변화

2023학년도(2022년 기준 고3)와 2024학년도(2022년 기준 고2) 학생부종합전형의 큰 변화는 바로 '자기소개서(이하 자소서) 폐지'부터 시작된다. 자소서 폐지의 영향이 체육대학 학생부종합전형에도 고스란히 반영된다. 결과적으로 자소서 폐지가 체대학종 준비 시기를 더 앞당긴 것이다.

자소서는 마지막 역전의 기회다. 특정 대학의 경우 합격의 게임 체인저가 될 수 있다. 학교생활기록부(이하 생기부)를 제대로 만들지 못했어도 자소서가 있는 한 합격의 기회는 존재한다. 이 자소서가 반영되는 2023학년도 이하의 학생부종합전형은 본격적인 준비의 데드라인이 고등학교 2학년 말에서 3학년이 시작되는 2~3월 중순 정도였다. 물론 개인에 따라 더 빠르거나 늦을 수 있지만 나는 고등학교 3학년 3~4월 정도를 본격적인 준비 시기라고 소개한다. 이 시기부터 3학년 1학기 생기부 보완과 자소서 초안 작성, 면접 등을 차근히 준비해나가면 학종 합격의 불씨를 살려나갈 수 있다. 하지만 상황이 달라졌다.

2019년 11월 29일에 발표된 '대입제도 공정성 강화 방안'에서 2024학년도부터 자소서를 폐지하기로 한 것이다. 다행히 4년 예고제(대입 전형 변화의 혼란을 최소화하기 위한 방안으로 3년 예고제에서 4년으로 확대)로 미리 발표되었다. 자소서가 폐지되면서 역전의 기회도 같이 사라졌다. 체대학종 준비의 데드라인도 자연스럽게 빨라져 현재 고등학교 3학년 3~4월 정도에서 2학년 초반으로 최소 1년 이상 단축되었다. 2024학년도 입시전형에 포함되는 학생이 고3이 다 되어 학종 준비를 시작하면 안타깝게도 이미 늦을 수도 있다.(단, 체대 학종 지원과 포기는 객관적으로 생기부를 분석한 후 결정할 것을 권한다.)

무조건 빠르면 빠를수록 좋다?

결론부터 말하면 무조건 빠르다고 좋은 것은 아니다. 오히려 더 안 좋을 수 있다. 초반에 속담을 인용한 이유도 여기에 있다. 더 완벽한 벼농사를 준비한답시고 봄이 아닌 겨울이나 가을 추수가 끝나고 씨를 뿌리지 않는다. 세상사에는 효율적인 시기와 상황이 있다.

체육대학 학생부종합전형의 합격을 위해 유소년부터 엘리트 체육 코스를 밟아야 할까? 스포츠클럽에서 박지성, 손흥민 정도의 지명도를 가진 축구강사에게 1:1 과외를 받아야 할까? 그렇지 않다. 국가대표 선수나 프로 구단 입단이 목표라면 당연히 초등학교 이전부터 시작하는 것이 좋다. 하지만 우리는 체육대학 수시 학생부종합전형을 목표로 하는 학생이다. 고교 교과과정을 충실히 수행하는 것만으로 대학입시에서 좋은 결과를 얻을 수 있다.

그렇다면 체대학종 준비하기 위한 가장 적절한 시기는 언제일까? 보통 고등학교 1학년 겨울방학 또는 2학년이 되는 해의 2~3월경을 추천한다. 1학년 동안 어떠한 방향으로든 열심히 교내활동을 했다면 2학년 학기 초에 준비해도 큰 문제 없다. 주된 교내활동이 꼭 체육 관련 활동이 아니어도 상관없다.

물론 체대학종을 준비하기에 가장 좋은 시기는 입학과 동시에 이루어지는 것이다. 최근에는 중학교 3학년 겨울방학부터 시작하는 사례가 대폭 늘어났다. 어떤 고등학교를 진학하면 좋을지부터 설계한다. 일반고가 좋을지, 자사고가 좋을지, 특성화고가 좋을지부터 알아보는 것이다.

목표 대학에 합격하기 위해 체대학종을 준비한다면 첫 단계가 매우 중요하다. 입학 초기에 중학생의 때를 벗지 못한 자녀에게 동기부여를 심어주는 것이다. 고등학교의 봄날인 입학부터 꾸준히 합격의 씨를 뿌려야 한다. 분명 고3 11월, 수확의 시기에 합격이라는 풍작으로 활짝 웃고 있는 여러분의 모습을 볼 수 있을 것이다.

체대학종의 핵심,
나를 브랜딩하라

5천 원짜리 커피를 마시는 이유

커피는 우리 일상의 기호 식품이다. 브랜드별로 아메리카노 가격은 천차만별이다. 한 잔을 마셔도 '스타벅스를 갈까? 폴바셋을 갈까?' 카페 브랜드까지 신경 쓰는 소비자가 늘어났다. 시장조사 전문 기업 엠브레인(Embrain)에서 성인 남녀 1,000명에게 커피와 관련된 설문조사를 한 결과, 응답자의 28.2%가 어떤 브랜드의 커피를 마시는지가 자신을 나타내는 하나의 표현 수단이라고 답했다. (권민경, "스벅 갈까 투썸 마실까…커피점 '브랜드' 따지는 이유는", 〈한국경제〉, 2017. 6. 14.) 물론 커피의 맛, 가격, 매장 분위기 등도 커피를 구매하는 데 영향을 미치는 중요한 요소이다. 위의 수치는 비율만 보면 그렇게 높은 것이 아니지만 커피 브랜드의 가치가 구매에 중요한 비중을 차지하고 있다는 것을 알 수 있다. 2022년 현재도 이러한 경향은 더욱 가속화되고 있다.

대학은 아무나 선발하지 않는다

대학은 우수한 학생들을 선발하기 위해 노력한다. 소비자가 아무 커피 브랜드나 선택(구매)하지 않듯이 대학도 마구잡이로 학생을 선발하지 않는다. 다양한 전형을 발표하고 자체적인 기준을 만들어낸다. 그중 학생부종합전형은 학생의 교내활동, 내신등급, 교사의 평가 등을 종합적으로 판단하고 최종 면접을 통해 학생을 선발하는 것이다.

학생들도 대학에 합격하기 위해 다양한 교내활동을 한다.(물론 활동의 목적이 단순히 합격을 위해서라고 생각하지는 않는다.) 그러나 무조건 다양한 교내활동을 한다고 해서 모두 좋은 활동으로 평가받는 것은 아니다. 오히려 안 좋은 영향(전공 부적합)을 미칠 수도 있다. 같은 활동이어도 학교생활기록부에 어떻게 반영되고 면접장에서 나를 어떻게 표현하느냐에 따라 결과는 완전히 달라진다. 대학에서 어떤 것을 원하는지를 파악하고 나를 알리는 것이 중요하다. 브랜딩의 중요성은 여기서부터 시작된다.

학교 안에서의 브랜딩

브랜딩이라 하면 먼저 떠오르는 것이 무엇일까? 경제학 및 사회학적으로 브랜딩의 정의가 다양하다. 나는 브랜딩을 '나의 가치를 정확히 알고, 알리는 과정'이라고 정의한다. 《자기다움》(2012, 권민)에서는 "자신의 생명만큼 가치 있는 것을 찾는 것이 바로 자기다움을 구축하는 첫 번째 발걸음이다. 자기다움은 자신의 생명과 동일한 것을 찾는 것이다"라고 설명한다. 여기서 말하는 '자기다움'이 바로 브랜딩의 기본 개념이다.

학교 안에서도 브랜딩의 개념은 크게 다르지 않다. 나의 가치를 알아가는 과정은 충실한 교내활동을 하는 것이다. 기본적인 학습 외에 열정적으로 활동하는 것이 중요하다. 동아리활동, 봉사활동, 독서활동 등 학교생활기록부에 기재될 수 있는 것은 최선을 다해야 한다. 그리고 이렇게 열심히 활동했다면 나의 가치를 알려야 한다. 나의 가치를 알리는 방법 중에 가장 최선이자 최고의 방법이 바로 '선생님에게 어필(Appeal)'하는 것이다. 선생님도 선생님이기 전에 사람이기에 어떠한 사람에게 관심이 가거나 마음이 끌릴 수 있다. 그러므로 학교생활기록부에 기재되는 절대적인 양과 질이 다르다.

내가 운영하는 유튜브 채널 '민중쌤tv'에 2021년 4월 19일 업로드된 영상(선생님들과 친해지는 법)이 화제가 되었다. 비록 조회 수는 채널 내 업로드된 다른 영상에 비해 높은 편은 아니지만 내용이 주는 임팩트는 강했다. 출연한 권채은(한양대 20학번) 멘토의 대화 내용은 지금도 기억에 남는다. 권 멘토는 자신을 어필하고 선생님과 더 가까워지기 위해 교무실에서 놀았다고 이야기한다. 교무실은 학생에게 부담스러운 장소일 수 있는데, 권 멘토는 교무실이 놀이터가 되었고, 그렇게 선생님들께 자기를 브랜딩했다. 권 멘토의 브랜딩 활동은 자연스럽게 생활기록부에 반영되었고, 학생부종합전형으로 한양대학교 서울캠퍼스 스포츠산업학과에 합격할 수 있었다.

체육을 좋아하는 편이고 다른 학생들보다 활동적이며 교우관계까지 좋다면, 체육대학 학생부종합전형에 근접할 확률이 높다. 선생님과 관계가 좋고 교과 성적(내신)까지 좋은 편이라면 더 확실하다. 단순히 내신등급만 높은 학생들, 체육만 좋아하는 학생이 학생부종합전형으로 합격하는 것이 아니다. 열정적인 학습, 활발한 활동과 함께 나를 적극적으로 알린다면 체육대학 학생부종합전형으로 100%, 아니 200% 합격할 것이라고 확신한다. 비록 처음부터 체육대학을 꿈꾸지 않았더라도 말이다.

아직 늦지 않았다. 지금 당장 자신을 브랜딩하라. 그리고 합격하라.

교무실을 놀이터,
휴게실로 만들어라

학생들에게 교무실이라는 공간은 어려운 장소이게 마련이다. 교무실은 담임선생님이 학생을 불러 면담하는 장소이며, 모르는 것을 물어보기 위한 질의응답의 장소가 될 수도 있다. 때로는 누구에게도 말할 수 없는 고민을 털어놓는 중요한 곳이기도 하다. 학교생활에서 다양한 이야기들이 나오는 장소이며, 입시에서도 핵심적인 공간이다. 체육대학 학생부종합전형에서 가장 중요한 학교생활기록부가 쓰이고 완성되는 공간이다.

그러한 교무실을 어떠한 공간으로 만드느냐가 상당히 중요하다. 소수의 성적 상위권 학생에게는 너무 편한 장소일 수 있다. 반대로 성적 하위권 학생에게는 숨 막히는 장소가 될 수 있다. 오히려 뭔가 잘못해서 가는 곳이라고 생각한다. 교무실은 어떻게 하느냐에 따라 놀이터나 휴게실이 될 수도 있고 취조실이 될 수도 있다. 교무실을 어떤 공간으로 만들어야 할까? 당연히 전자로 만들어야 한다.

우선 선생님을 만나라

교무실을 편한 장소로 만들고 싶다면 가장 쉬운 방법은 바로 선생님과의 관계를 개선하는 것이다. 일단 선생님과 친해야 한다. 선생님과 친분을 쌓으려면 자주 만나야 한다. 코로나19로 인해 비대면 수업이 많아지자 오히려 기회가 더 생겼다. 학생들이 학교에 자주 안 가다 보니 교무실을 방문하는 학생들이 줄어들었다. 이런 상황은 오히려 학생부종합전형을 준비하는 학생들에게는 기회가 되었다.

어떤 내용이든 좋다. 진로 고민, 학업 고민, 교우 관계, 진학 상담, 개인적인 고민 등 다양한 주제가 있다. 하지만 특별히 할 이야기가 없어도 만나는 것 자체가 중요하다. 선생님에게 나라는 학생을 알리는 것이다. 물론 시도 때도 없이 찾아가면 역효과가 날 수 있다. 하지만 선생님과의 잦은 만남은 좋은 기회가 될 수 있다. 실제로 고등학교에 재직 중인 한 교사는 학생들이 자신을 찾아올 때 이런 생각이 든다고 말했다.

"교육자로서 자부심을 느낀다."

최근에는 많이 정상화되었지만 코로나19 팬데믹으로 비대면 수업을 진행하면서 아이들이 학교에 거의 나오지 않는 상황들이 많았다. 선생님들은 온라인 수업을 하기 전에 일일이 전화를 해서 온라인 등교를 확인했는데, 그때마다 교사들은 직업에 대한 회의감이 든다고 한다. 자신의 직업이 교사인지, 콜센터 직원인지 잘 모르겠다는 교사들도 많았다. 현직 교사들의 자존감은 떨어질 수밖에 없었다.

이런 상황에서 오히려 학생들이 주도적으로 선생님을 찾아뵙는 것은 상당한 의미가 있다. 선생님과의 만남이나 면담 기회를 자주 가지는 것은 입시 이상의 의미가 있다. 그렇게 되면 여러분은 이미 주도적인 학생, 자신의 진로를 위해 끊임없이 탐구하는 학생으로 '행동특성 및 종합의견'에 자세히 기재될 것이다.

계획을 세우고 만나라

고등학교 정규과정을 기준으로 1학기에 많게는 10과목, 적어도 8과목 이상 수업을 듣는다. 평균적으로 한 학기에 담임선생님을 포함해 8~9명 정도를 만난다. 적지 않은 인원의 선생님을 즉흥적으로 아무 때나 만나면 안 된다. 계획과 목적, 일정한 패턴이 있어야 한다.

여러 가지 상황을 고려하면 일주일에 1명의 선생님과 만날 것을 추천한다. 한 학기 수업은 방학을 제외하고 약 4개월로 16주 정도 된다. 선생님 8명을 기준으로 볼 때 한 학기에 선생님 1명당 최대 두 번씩 만날 수 있다. 중요한 것은 한 번에 같은 선생님을 연속으로 만나는 것이 아니라, 일주일에 선생님 1명씩 돌아가면서 만나는 것이다. 그렇게 되면 3월에 만났던 선생님을 5월에, 4월에 만났던 선생님을 6월에 다시 만나게 된다. 계획대로 한다면 1학기 기준으로 6월 전에 모든 선생님을 만날 수 있다. 의미 없이 자주 찾아뵙는 것이 때로는 독이 될 수 있으므로 날짜를 정해서 주기적인 만남을 가지는 것이 좋다.

어떤 내용을 이야기할까?

처음 1회 차에 만나는 선생님과는 주로 '학업에 대한 고민 상담'을 나눌 것을 추천한다. 예를 들어 "선생님, 국어가 너무 어려워요. 국어 공부를 어떻게 시작하면 좋을까요?" 하는 내용이다. 선생님도 너무 진부한 주제보다 담당 교과목과 연관된 질문을 하는 것이 좋다. 학습 방법, 학습 계획 등이 가장 무난하다.

학업 고민에 대해 질문하면 좋은 장점이 있다. 바로 수업 시간에 여러분을 바라보는 선생님의 시선이 달라진다는 점이다. '저 학생, 나에게 질문했던 학생이구나?'라고 생각하면 조금이라도 더 아이 콘택트(Eye Contact, 눈맞춤)를 하게 된다. 학생도 선생님에게 관심을 받는 만큼 학업에 매진하려고 더 노력하게 된다. 그러한 노력은 자연스럽게 성적 상승으로 이어지고, 학생부종합전형 지원에 좋은 영향을 줄 수 있다.

2회 차 만남은 1회 차보다 훨씬 더 중요하다. 상담 내용이 바로 학교생활기록부의 '세부능력 및 특기사항'과 직결될 수 있기 때문이다. 2회 차 만남은 주로 진로 관련 상담을 추천한다. 뻔한 진로 상담이 부담된다면, 직접적인 대학 진학 상담도 좋다. 체육대학 학생부종합전형을 생각하기 때문에 체육교육과 또는 스포츠과학 관련 학과에 대한 질문도 좋다.

예를 들어 수학 선생님에게는 이런 질문이 좋다. "선생님, 제가 체육교육과 진학을 생각하고 있는데, 수학과 체육은 어떤 연관성이 있을까요? 혼자 고민하다가 선생님을 찾아뵙게 되었어요" 하는 식이다. 다른 과목 선생님들도 이와 비슷하다. 선생님을 찾아뵙기 전에 관련 학과에 대해 자신이 정리한 내용이 있다면 같이 첨부해도 좋다. 다양한 진로에 대한 상담이 바로 학교생활기록부 중 '세부능력 및 특기사항'으로 기재되는 것이다. 담임선생님이라면 '세부능력 및 특기사항' 뿐 아니라 '행동특성 및 종합의견'에도 반영될 수 있다.

물론 입시 때문에 의도적으로 선생님을 찾아가라는 뜻은 아니다. 진로 탐색과 인생 고민 해결에 도움이 되는 적극적인 활동의 일부로 활용하면 좋다.

체육대학 학생부종합전형으로 합격하는 방법은 의외로 간단하다. 교무실에서 자주 선생님을 만나고 대화하면 된다. 그렇게 교무실을 편한 공간으로 만들면 된다. 그리고 여러분의 학업 고민과 대학 진학 계획, 진로 고민에 관해 대화하면 된다. 그렇게 되면 '위 학생은 예의 바르고 밝은 학생입니다'라는 식의 좋은 말 대잔치가 아닌 합격할 수밖에 없는 학교생활기록부로 채워질 것이다. 지금이라도 당장 교무실에 찾아가자.

역전의 마지막 기회,
면접

화룡점정(畵龍點睛)이라는 사자성어가 있다. '용을 그리고 마지막으로 눈동자를 찍어 넣는다'라는 의미로, 핵심이 되는 부분을 마무리해 일을 마친다는 뜻을 지닌다.

면접이 바로 학생부종합전형 최종 합격을 위한 화룡점정이라 할 수 있다. 어느 한 대학교 학생부종합전형 지원안내서에는 면접 평가의 의의(意義)를 다음과 같이 서술하고 있다.

○○대학교는 면접을 통해 지원자의 우수성을 종합적으로 평가합니다.
○○대학교에서 수학할 수 있는 기본적인 역량을 갖추었는지가 평가의 주안점입니다.
단순히 주어진 문항에 대한 학생의 답변에만 평가의 초점이 있는 것은 아니며, 면접에 임하는 태도와 자세, 의사소통 능력, 논리적 사고력 등을 종합적으로 평가합니다.

여기서 중요하게 봐야 하는 문구는 '면접에 임하는 태도와 자세, 의사소통 능력'이다. 즉, 답변 내용도 중요하지만 학생 자체에서 풍기는 분위기나 느낌도 중요하게 평가할 수 있다는 뜻이다. 전공 적합성 측면으로 분석해볼 때 체육대학 학생부종합전형에서 면접 고사는 타 전형에 비해 아주 중요한 위치에 있다.

확대되는 면접 변별력

2022학년도 중앙대학교 체육교육과 학생부종합전형(다빈치인재 전형)에서는 면접이 신설되었다. 그리고 2023학년도 서울시립대학 교 스포츠과학과 학생부종합전형에서는 면접 대상자를 기존 2배 수에서 3배수로 확대했다. 이렇게 표면적으로도 면접의 변별력이 점점 높아지고 있다. 또한 2019년 11월 28일 교육부에서 발표한 '대입제도 공정성 강화 방안'으로 인해 2024학년도부터 면접의 변 별력은 극대화될 예정이다.

◆ 학생부종합전형의 투명성·공정성 강화
- 정규 교육과정이 아닌 비교과활동은 대입에서 폐지
- 자기소개서 및 고교 프로파일 폐지

• 세부평가 기준 공개 및 1인당 평가시간 확보 등 가이드라인 마련

– "교육부, 대입제도 공정성 강화 방안 발표", 교육부 보도자료, 2019. 11. 28.

먼저 확인해야 할 것이 바로 자기소개서의 폐지다. 자기소개서 폐지로 인해 학교생활기록부의 변별력뿐 아니라 면접고사도 중요해졌다. 대학은 우수 학생을 선발하기 위해 내신등급은 낮아도 학교생활기록부의 내용을 중점적으로 평가할 확률이 높다. 면접 대상자를 확대하기 위해 1단계 합격 내신등급의 스펙트럼이 넓어질 것이다. 이후 면접고사를 통해 최종 합격자를 선발하기 위해 면접 실질 변별력은 높아지게 된다.

많은 사람들이 놓치고 있는 내용이 바로 '1인당 평가시간 확보'다. 실제 평가시간 확보를 대학에 권유하기 위해 평가 시스템 접속 기록을 10년 이상 보존하도록 권고할 계획이다. 예전의 면접평가는 학생마다 평가시간이 조금 자율적이었다. 못하는 학생들은 조기 종료되는 경우도 적지 않았다. 면접에서 '1인당 평가시간 확보'의 영향력은 지난 학생부종합전형 때와 다르다. 잘하든 못하든 그 시간 안에 자신을 표현해야 한다. 그러므로 면접 능력에 따라 합격, 불합격이 나뉜다고 해도 과언이 아니다.

역전의 마지막 기회

'대입제도 공정성 강화 방안'의 내용도 주목해야 한다. "고등학교에서 학교생활기록부(이하 생기부) 등 대입 전형 자료가 공정하게 기록될 수 있도록 부모의 배경, 사교육 등 외부 요인을 차단하고, 학교와 교원의 책무성을 강화한다"고 개별 공지하고 있다. 이 내용을 '철저하게 학생의 능력을 중심으로 선발하겠다'고 해석한다. 누군가가 쓴 학교생활기록부보다 학생의 능력을 더 세밀하게 파악할 수 있는 면접으로 선발하겠다는 의미다. 물론 면접이 전부는 아니다. 면접 대상자가 되기 위해서 학교생활기록부 및 교과 내신등급 관리를 철저히 해야 한다. 하지만 체계적인 면접 준비가 없다면 그 노력은 물거품이 될 수밖에 없다.

이제는 학교생활기록부에 부족한 부분이 있다고 해도 학생부종합전형에서 큰 부담을 느끼지 않아도 된다. 예전에 자기소개서나 활동보고서가 갖는 변별력이 학교생활기록부보다 면접으로 넘어왔기 때문이다. 내신등급이 낮거나 등급은 높지만 학교생활기록부 내용이 부실하다고 해도 체육대학 학생부종합전형을 활용해 소신 지원이 가능하다. 실제로 2022학년도 주요 체육대학 학생부종합전형에서 증명된 사례가 있다. 서울시립대학교 스포츠과학과, 성균관대학교 스포츠과학부 등에서 높은 내신등급과 훌륭한 자기소개서라고 평가되었지만 최종 불합격했고, 반대로 내신등급은 낮았지만 면접에서 능력을 발휘해 최종 합격한 사례가 적지 않다.

이러한 경향은 2024학년도부터 더 뚜렷하게 적용되고 계속 이어질 것이라고 판단된다.

이렇게 중요한 면접고사를 체계적으로 준비할 수 있는 내용을 4장에 따로 수록했으니 꼭 확인하길 바란다. 학생부종합전형의 화룡점정인 면접을 잘 준비한다면 목표 대학 합격으로 마무리할 것이다. 아직 늦지 않았다. 면접 준비가 곧 합격으로 가는 지름길이다.

미기재? 미반영?
학종 변경 사항부터 확인하자

2019년 말 '대입제도 공정성 강화 방안'이 발표되고 2년이 지났다. '대입제도 공정성 강화 방안'이 학생부종합전형을 준비하는 학생들에게 중요한 요소가 되었지만, 그 의미를 잘못 해석하거나 아예 모르는 경우도 있다. '대입제도 공정성 강화 방안'은 단순히 '사교육 축소'라는 표면적 의미만 있는 것이 아니다. 대학이 어떤 항목에 비중을 더 높게 두고 낮게 두는지까지 담겨 있다. '대입제도 공정성 강화 방안' 분석을 통해 학생부종합전형을 똑똑하게 준비해보자.

* 학생부 주요 항목 내 비교과 영역(요소) 개선 현황 *

구분		20~21학년도 대입	22~23학년도 대입	24학년도 대입
교과활동		• 과목당 500자	• 과목당 500자 • 방과후학교활동(수강) 내용 미기재	• 과목당 500자 • 방과후학교활동(수강) 내용 미기재 • 영재·발명교육 실적 대입 미반영
종합의견		• 연간 500자	• 연간 500자	• 연간 500자
비교과 영역	자율활동	• 연간 500자	• 연간 500자	• 연간 500자
	동아리 활동	• 연간 500자 • 정규·자율동아리, 청소년단체활동, 스포츠클럽활동 기재 • 소논문 기재 가능	• 연간 500자 • 자율동아리는 연간 1개(30자)만 기재 • 청소년단체활동은 단체명만 기재 • 소논문 기재 금지	• 연간 500자 • 자율동아리 대입 미반영 • 청소년단체활동 미기재 • 소논문 기재 금지
	봉사활동	• 연간 500자 • 실적 및 특기사항	• 특기사항 미기재 • 교내외 봉사활동 실적 기재	• 특기사항 미기재 • 개인 봉사활동 실적 대입 미반영(단, 학교교육계획에 따라 교사가 지도한 실적은 대입 반영).
	진로활동	• 연간 700자	• 연간 700자 • 진로희망분야 대입 미반영	• 연간 700자 • 진로희망분야 대입 미반영
	수상경력	• 모든 교내 수상	• 교내 수상 학기당 1건만(3년간 6건) 대입 반영	• 대입 미반영
	독서활동	• 도서명과 저자	• 도서명과 저자	• 대입 미반영

출처: 교육부 학생부종합전형조사단, 〈대입제도 공정성 강화 방안〉, 교육부, 2019. 11. 28.

미기재와 미반영

가장 먼저 살펴보아야 하는 것은 바로 미기재와 미반영이다. 많은 학생과 학부모들이 두 용어를 비슷한 의미로 혼용하곤 한다. 그러나 두 용어의 의미는 명확하게 다르다. 먼저 미기재란 생활기록부에서 항목 자체가 아예 삭제되어 작성하지 못하는 것으로 가장 대표적인 것이 봉사활동이다.

* 생활기록부 변경 전(예시) *

학년	영역	시간	특기사항
1	자율활동		
	동아리활동		
	봉사활동		
	진로활동	-	

* 생활기록부 변경 후(예시) *

학년	영역	시간	특기사항
1	자율활동		
	동아리활동		
	진로활동		

2022학년도부터 봉사활동은 생기부에서 기재하는 칸 자체가 사라졌다. 이와 다르게 미반영이란 생활기록부에 작성되지만 대입에서는 그 항목들을 보지 않는다는 것이다. 한마디로 생활기록부에 있지만, 대입 자료에서는 그 항목들이 블라인드 처리되어 평가에 사용하지 않는다는 것이다. 가장 대표적인 것이 진로활동 영

74

학년	영역	시간	특기사항
1	진로활동	2	희망 분야

* 대학에서 보는 학생 생활기록부(예시) *

학년	영역	시간	특기사항
1	진로활동	2	

역의 '희망분야'다.

위에 보는 것과 같이 진로활동 영역 내 특기사항 속 희망분야는 생기부에 작성되지만 대입에는 반영되지 않는다. 또한 2024학년도부터 변경된 가장 대표적인 미반영 사례가 바로 독서활동이다. '독서활동이 미반영되니 이제 책 읽을 필요 없겠다'고 생각하는 학생들이 많을 텐데 결론적으로는 아니다. 이에 대해서는 다음 '변경 사항의 의미와 활용'에서 자세히 설명하겠다.

변경 사항의 의미와 활용

정규동아리에 집중하자

이전에는 정규 및 자율 동아리가 모두 동아리활동에 기재될 수 있었던 것과 달리 2022학년도부터 정규동아리는 그대로 작성되지만 자율동아리는 약 30자만 기재 가능하다. 또한 자율동아리는

2024학년도부터는 대입에 미반영된다. 정규동아리에 집중해야 한다. 정규동아리를 고를 때 이전보다 더 신중해야 한다. 무엇보다 나를 더 보여줄 수 있는 정규동아리에 들어가는 것이 좋다.

교내 봉사에 성실히 참여하자

봉사활동 변경 사항에서 가장 눈여겨봐야 할 것은 바로 2024학년도부터 시행되는 개인 봉사활동 실적 대입 미반영이다. 아래 봉사활동에서 '(개인)'이라고 작성된 활동이 대입에 미반영되는 것이다.

* 봉사활동 내용(예시) *

2020.05.26.	(개인)고현청소년문화의집		자원재활용을 통한 환경사랑 캠페인 참여(폐 아이스팩 모으기)	1	1
2020.05.28. ~ 2020.08.12	(학교)	고등학교	교단선진화 기자재 관리	5	6

대학과 교육부가 외부 봉사활동에 시간을 많이 할애하는 학생들을 보며 교내활동에 더 집중할 수 있도록 시행한 사항이라고 생각한다. 이 변경 사항이 갖는 의미는 뭘까? 바로 대학이 개인적인 외부 봉사를 그리 비중있게 평가하지 않았다는 것이다. 사실 봉사활동 시간은 그 전에도 비중 있었던 항목이 아니다. 대학에서도 시간과 내용만 보고 학생을 판단하기 어렵고, 너무 많은 경우에는 정말 원해서 실천한 봉사인가, 양만 늘리기 위한 봉사인가 하는 의문점도 들었다. 이제는 교내 봉사활동에 성실히 참여해야 한다. 학교에서 마련한 다양한 봉사활동을 미리 파악하고 선점하자. 또한

봉사활동의 특기사항이 사라졌지만, 행동특성 및 종합의견을 통해 과정을 언급하는 것이 가능하므로 교내 봉사활동도 적극적으로 활용하자.

2학년은 아직 개인 봉사활동이 대입에 반영된다. 그러나 너무 많은 봉사는 오히려 독이 될 수 있다. 학업에 무리가 가지 않는 선에서 개인과 교내 봉사활동을 병행하자. 내가 추천하는 봉사시간은 3년간 약 30~45시간 이상으로 학업에 영향을 미치지 않는 수준이다. 봉사활동에 대해 더 자세한 내용은 3장에서 다룰 것이다.

진로 희망분야

가장 대표적인 미반영 사례이다. 희망분야가 없어짐에 따라 진로활동을 통해 희망분야를 유추할 수 있도록 만들어야 한다. 내가 어떤 진로, 어떤 분야로 나아갈지에 대해 고민하며 그 분야로 성장하고 있다는 것을 잘 보여줄 수 있는 활동에 집중하자.

수상경력

2022학년도부터 2023학년도까지는 수상경력을 한 학기당 1개씩만 선택할 수 있다. 수상의 양보다 질이 더 중요하게 된 것이다. 이제 수상을 선택하는 것에 더 힘을 실어야 한다. 내가 제시하는 선택 기준은 다음과 같다.

• 교과·외 수상, 표창장은 지양

- 나의 다양한 강점을 보여줄지 vs 전공에 대한 부분을 어필할지 vs 약점 보완

위의 기준을 바탕으로 수상을 선택하자. 그러나 수상경력이 없다면 수상을 선택할 수도 없으니 먼저 다양한 대회에 나가보자.

독서 미반영?

2024학년도부터 독서활동이 대입에 미반영된다. 그러면 생활기록부에서 독서와 관련된 모든 것이 없어질까? 학생들과 학부모들이 가장 많이 가지고 있는 오해이다. 그러나 실제로 독서가 미반영되는 것은 우리가 흔히 독서 목록이라고 하는 아래 '독서활동 상황' 부분이다.

* 독서활동 상황(예시) *

학년	과목 또는 영역	독서활동 상황
1	생명과학1	(1학기) 스포츠의 과학(사이언티픽 아메리칸 편집부)
		(2학기) 재밌어서 밤새 읽는 해부학 이야기(사카이 다츠오)
	공통	(1학기) 운동화 신은 뇌(존 레이티, 에릭 헤이거먼), 체육 시간에 과학 공부하기(전영석, 홍준의)

독서활동 상황은 이전부터 책 제목과 저자만 기재했기 때문에 대입에 의미 있게 반영되는지 의심이 많았다. 독서 목록으로 학생을 표현할 수 있을지 의문이었고 이전부터 학생들에게 이 부분의 비중을 줄이라고 상담해왔다. 이번 변경 사항으로 대학도 독서활

동 상황의 비중을 크게 두지 않았다는 것을 알게 되었다.

그럼 독서는 생활기록부에 아예 기재되지 않는 것일까? 답은 아니다. 독서활동 상황이 미반영되는 것이지 독서를 생활기록부에 기재할 수 없는 것은 아니다. 독서를 생기부 속 다른 진로활동, 자율활동, 동아리활동, 세부능력 및 특기사항 등에 기재할 수 있다. 오히려 이 항목에 작성하면서 독서와 나의 활동을 융합한다면 독서에 대한 진정성을 더 보여줌으로써 높은 점수를 받을 수 있다. 2023학년도 대입을 치르는 학생들도 같다. 독서 목록을 늘리려 하지 말고 다른 항목과 독서를 융합해야 한다.

'대입제도 공정성 강화 방안'에서 미반영, 미기재, 변경 사항의 의미를 살펴보았다. 우리에게 변화는 오히려 기회다. 변화에 적응하면 입시에서 앞서 나갈 수 있다. 많은 학생과 학부모들이 생기부에 적혀 있으면 모두 대입에 반영되는 것으로 생각한다. 그래서 대입에 미반영되는 항목을 어떻게 하면 더 잘 쓸지를 고민하며 고등학교 3년이라는 소중한 시간을 허비하고 있다. 비교과 축소의 의미를 파악한 학생은 이제 더 효율적으로 학생부종합전형을 준비할 수 있을 것이다. 입시는 경쟁이다. 누가 먼저 잘 적응했는지가 승패를 가른다. '대입제도 공정성 강화 방안'의 내면적 의미를 파악하고 입시에 잘 적용해보자.

"자소서가 없어진다고요?"
플랜B가 사라졌다

생기부 기재 방식의 변화, 생기부 기재 항목의 변화, 생기부 기재 축소 등 학생부종합전형이 탄생한 이후로 지금까지 많은 변화가 있었다. 그중 2022학년도부터 가장 눈에 띄는 변화는 바로 자기소개서(이하 자소서)이다. 2022학년도 대입 자기소개서 문항이 변경되었고 점차 자기소개서를 반영하는 대학이 줄어들었다. 심지어 2024학년도에는 자기소개서를 전면 폐지한다고 발표했다.

이는 다양한 소문과 추측을 낳았다. '학종이 이제 교과전형과 별다를 바 없다', '내신이 이전보다 훨씬 더 중요하게 작용한다', '학종이 이제 내리막을 걷고 있다' 등 다양한 의견들이 떠다니고 있다. 또한 자기소개서 부담이 컸던 수험생들과 학부모들은 폐지 소식을 반겼다. 그러나 자소서 폐지는 단순히 반길 일이 아니다. 자소서 폐지의 의미를 파악하고 남들보다 먼저 준비해야 한다.

자기소개서가 이전에는 어떤 역할을 했는지를 먼저 살펴보고 어떤 부분이 더 중요한지를 알아보자.

자기소개서의 역할

학교생활기록부는 교사가 기록한다. 그런 만큼 교사의 관점에서 관찰한 학생의 활동과 행동을 사실적으로 보여준다. 따라서 학생 자신이 의미 있거나 기억에 남는 활동에서 깨달은 점, 동기, 가치, 더 세부적인 경험이 구체적으로 표현되기 힘들었다. 그러한 내용들은 자기소개서에 작성함으로써 학생의 진정성과 또 다른 매력을 보여줄 수 있었다. 생기부에 나타나지 않은 다양한 역량을 보여줄 수 있는 자소서는 역전의 기회이자 플랜B였다. 이제 자소서가 폐지된다면, 나의 활동을 더 진정성 있고 구체적으로 보여주지 못하는 것일까? 그렇지 않다. 이제 그러한 과정을 나타낼 수 있는 생기부와 면접의 중요성이 더 커졌다.

변별력이 커진 생활기록부의 중요성

자소서 폐지로 인해 생활기록부 기재 내용이 훨씬 더 중요해졌다. 이선에는 활동들을 구체적으로 기재하지 않았더라도 그 과정들을 자기소개서에 표현할 수 있었다. 그러나 이제 자기소개서라는 플랜B가 사라지고 생기부가 그 역할을 대신해야 한다.

2022학년도부터 시행된 자기소개서는 공통 문항 2문항과 대학별 자율 문항 1문항, 총 3문항으로 이루어져 있었다. 1번 문항은 본인에게 의미 있는 학습 경험과 교내활동을 기술하는 문항이고, 2번 문항은 타인과 공동체를 위해 노력한 경험과 이를 통해 배운 점을 기술하는 항목이다. 또한 대학별 자율 문항은 지원동기와 진로계획 등에 대한 항목이다. 그래서 이전에는 성적이 향상된 것을 생기부를 통해 보여주고 자소서 1번 항목을 통해 자신만의 공부 방법과 활동들을 어필할 수 있었지만, 이제는 그 활동들을 생기부에 나타내야 한다. 또한 자기소개서 2번 항목에 공동체 의식을 보여주는 활동을 작성함으로써 학생의 인성적인 강점을 보여주었다. 그러나 자기소개서가 폐지된다면 2번 문항에서 평가했던 공동체 의식을 생기부의 활동을 통해 보여주어야 한다. 체육부장, 봉사활동 등의 참여 혹은 스펙 정도가 아니라 활동의 동기, 활동의 과정과 내용, 깨달은 점 등을 나타내야 한다.

역시, 면접은 중요하다

학생부종합전형에서 유일하게 변하지 않은 것이 바로 '면접'이다. 오히려 2024학년도부터 자소서가 폐지되면서 면접의 비중은 배로 뛰었다. 면접은 면접관의 질문에 답하는 것으로 생각할 수 있다. 그러나 자기소개서에 더 구체적인 활동 과정과 사례를 더하는 것과 같이, 면접관의 질문에 답하면서 활동 동기와 깨달은 점을 답변한다. 그래서 자기소개서의 상위 버전이라고 말한다. 글이 아닌 말로 나타나기 때문에 학생의 진정성을 더 잘 파악할 수 있다.

자소서 폐지는 우리에게 단순히 부담 완화를 위한 변화가 아니다. 자소서가 했던 역할을 면접과 생기부를 통해 보여주어야 한다. 이제 플랜B는 없다. 생기부와 면접이 더 중요해졌다. 우리에게 변화는 기회다. 변화에 빠르게 적응한다면 누구보다 앞서 나갈 수 있다. 자소서 폐지의 의미를 알고 적응하는 것이 체대학종의 필승 전략이다.

2%의 노력, 품격이
올라가는 생기부

　학생부종합전형에서 학생의 적극성과 노력이 중요하다는 것은 많은 학생과 학부모들이 알 것이다. 학생들은 내신 공부뿐 아니라 본인의 진로 희망분야와 관련된 다양한 학교활동에 참여하는 등 정말 많은 노력을 해야 한다. 그러나 의도적이든 의도적이지 않든 학생이 노력한 활동이 생기부에 적히지 않거나 학생이 원하는 방향과 다르게 적힌다면 노력이 헛수고가 된다. 그래서 우리는 그러한 노력이 들어간 활동이 생기부에 고스란히 기재되기 위해 또 다른 노력을 해야 한다. 이러한 노력은 그리 어려운 것이 아니다. 2% 정도의 노력이 품격 있는 생기부를 만든다.

　나의 활동이 생기부에 적히지 않거나 내용이 구체적이지 못한 가장 큰 이유는 노력 부족이다. 그러나 이것은 활동에 대한 노력이 아닌 앞서 언급했던 2%의 노력이다. '선생님이 저에 대한 관심이 적어서 생기부 내용이 빈약해요'라는 이유를 댈 수는 없다. 교사들은 약 20명 이상의 학생들을 관리한다. 또한 교과학습까지 포함하면 상당히 많은 학생들을 관리한다. 그런 교사들이 학생 개개인의 활동을 구체적으로 기억하기는 사실상 쉽지 않다. 나의 활동 사항을 선생님께서 적어주시겠지 하며 수동적으로 기다려서는 안 된다. 스스로 노력해서 생기부를 만들어가야 한다.

기록의 중요성

2% 노력 중 첫 번째는 바로 기록이다. 학생들 대다수가 각종 활동을 하는 것으로 끝내버린다. 그래서 본인의 활동을 구체적으로 기억하지 못하는 경우가 많다. 어떤 활동을 했는지 구체적으로 기억나지 않으면 본인의 활동이 생기부에 적히지 않았을 때 담당 교사에게 어필하거나 수정을 요구하지도 못한다. 내가 정말 노력한 활동이 생기부에 적히지 않는 억울한 상황이 되는 것이다. 활동을

* 활동보고서 *

구분	교내/외	활동 유형	활동 유형
예시	교내	자율활동	영어 지문 심화 탐구
활동 기간		1-2	2000.00 ~ 2000.00
주요 활동 내용			
활동 후 행동(심리) 변화			

끝낸 뒤에는 항상 내용을 기록해야 한다. 아래는 내가 상담을 진행하면서 학생들에게 제안하는 활동보고서다.

어필의 중요성

내 활동을 차근차근 기록해놓았다면 좋은 생기부를 위한 첫 번째 단계가 완료된 것이다. 그러나 생기부는 교사가 기록하고 입학사정관이 평가하는 영역이다. 나의 활동을 나만 알고 있는 소중한 보물로 여긴다면 나의 우수성을 평가받을 수 없다. 그래서 나의 활동을 교사에게 어필하는 것이 중요하다. 무턱대고 '이거 써주세요!' 하는 식은 좋지 않다. 생기부에도 학종만을 위해 활동했다는 것이 드러나면 진정성이 느껴지지 않는다.

이때 활동보고서를 사용해야 한다. 활동보고서를 바탕으로 선생님께 이러한 점이 나에게 큰 영향을 끼쳤고, 인상 깊었다는 것을 보여주어야 한다. 단순히 보고서나 발표 내용을 중점적으로 어필하는 것이 아니라 활동 동기, 내용, 결과, 깨달은 점, 추가 활동 등 과정을 어필하는 것이다. 활동을 구체적으로 기록하고 깨달은 점까지 보여준다면 선생님은 인상 깊게 여기고 진정성이 있음을 알게 된다. 당연히 생기부는 학생이 원하는 대로 작성될 것이다.

활동에 노력을 기울이지 않는 학생은 없다. 그러나 활동에만 집중하고 이후에는 별다른 노력을 하지 않는다. 선생님이 알아서 잘 써주시겠지 하고 끝낸다. 내 활동을 내가 주도하는 것이 아니라 선생님께 맡기는 것이다. 그리고 나중에 본인의 활동 사항이나 구체적인 내용이 생기부에 적혀 있지 않으면 후회한다. 그때는 이미 늦었다. 가만히 앉아 막연한 기대만 할 것인가, 아니면 본인이 스스로 활동을 기록하고 적극적으로 어필할 것인가? 변화는 남들과 다른 노력에서 나온다. 체대학종은 2% 노력에 달렸다.

체대학종도 다 같은
학종이 아니다

‘리그 오브 레전드’, ‘오버워치’와 같은 게임 가이드북, 독서 가이드북, 여행 가이드북 등 세상에는 다양한 종류의 가이드북이 있다. 가이드북은 학습이나 상품의 정보를 다룬 소개서로 게임, 독서, 여행 등 다양한 활동을 시작하기 전에 철저한 준비를 위해 읽는다.

입시도 같다. 입시를 위한 철저한 준비는 필수이다. 대학은 대입 사용설명서, 즉 대입 가이드북으로 항상 수시와 정시 모집요강을 제공하고 있다. 그러나 학생부종합전형은 단순히 수시 모집요강만으로 많은 정보를 얻을 수 없었다. 그래서 학생부종합전형 세부 평가항목 공개 의무화를 시행했고 학생부종합전형으로 선발하는 대학은 모집요강에 평가 기준을 표시하거나 따로 학생부종합 가이드북을 제공하고 있다. 특히 학종 가이드북은 대학별 학생부종합전형의 특징을 파악하는 데 가장 중요한 자료이다. 학생부종합전형의 평가 기준에서 크게 벗어나지 않지만 대학별로 평가요소의 이름이 다르거나 다른 특징을 가진 대학이 있다. 주요 대학의 학생부종합전형 평가요소를 먼저 살펴보자.

* 2022학년도 대학별 학생부종합전형 가이드북 및 모집요강 기준 *

대학/평가요소	학업 역량	전공 적합성	인성	발전 가능성
서울대	학업 능력 학업 태도		학업 외 소양	학업 외 소양
성균관대	학업 수월성 학업 충실성	전공 적합성 활동 다양성		자기주도성 발전 가능성
한양대	비판적 사고 역량 창의적 사고 역량		소통 및 협업 역량	자기주도 역량
중앙대 (다빈치)	학업 역량 탐구 역량	통합 역량	인성	발전 가능성
경희대	학업 역량	전공 적합성	인성	발전 가능성
한국외대	학업 역량	전공 적합성	인성	발전 가능성
서울시립대	학업 역량		사회 역량	잠재 역량
국민대		전공 적합성	인성	자기주도성 및 도전정신
인하대	지성	지성 적성	인성	
상명대	전공 적합성 (학업 역량)	전공 적합성 (전공 적성)	인성	발전 가능성

출처: 각 대학별 학생부종합전형 가이드북

　먼저 학생부종합전형의 평가요소인 학업 역량, 전공 적합성, 인성, 발전 가능성을 학교마다 다른 이름으로 쓰고 있다. 그러나 이름이 다를 뿐 평가하는 세부적인 요소는 다르지 않다. 가장 눈에 띄는 특징은 바로 전공 적합성을 평가요소로 사용하지 않는 대학이 있다는 것이다. 그러나 이러한 학과들이 전공 적합성을 보지 않는 것이 아니다. 서울시립대학교 학생부종합전형 가이드북에 따르면 학업 역량에서 전공 기초 소양이라는 세부 평가요소를 통해 전공 적합성을 파악한다. 이렇듯 기본적으로 학업 역량, 발전 가능성, 인성 등에서 전공 적합성을 함께 보여줄 수 있어야 한다.

2022년 3월, 'NEW 학생부종합전형 공통 평가요소 및 평가항목'이 발표되어 2024학년도부터 평가요소의 명칭이 변경될 예정이다. 평가요소가 학업 역량, 진로 역량, 공동체 역량 세 가지 역량으로 바뀌었다. 전공 적합성은 진로 역량, 인성과 발전 가능성은 공동체 역량으로 통합되었다고 생각하면 된다.

이번에는 일반적인 학생부종합전형의 평가 방식과는 조금 다른 특징을 나타내는 대표적인 대학을 알아보자.

한양대학교 횡단평가

횡단평가는 한양대학교 학생부종합전형의 주요 평가 방식이다. 2022 한양대학교 학종 가이드북에 따르면, "주요 평가영역(수상경력, 창의적 체험활동 상황, 세부능력 및 특기사항, 행동특성 및 종합의견)에서 5개 평가요소인 종합성취도, 비판적 사고 역량, 창의적 사고 역량, 자기주도 역량, 소통협업 역량)의 상관관계 및 상호연계성을 바탕으로 1~3학년 전체를 유기적으로 검토해 평가를 진행합니다"라고 나와 있다. 학종 가이드북에 나타난 내용으로는 이해되지 않을 수도 있으나 단순히 말하면 학생의 특성이 생기부에 모두 나타나고 일관된 특성이 있어야 한다는 것이다.

예를 들어 학생회장, 부회장, 학생회 등을 통해 창체활동에서 리더십 역량이 나타났으면 교과목 협력 활동과 세부능력 및 특기사항에서도 학생의 리더십 역량이 나타나야 한다. 리더십이라는 특성이 한 항목뿐 아니라 다양한 항목에서 나타나는 것이다. 리더십이 어려울 수 있지만 항상 적극적으로 발표에 참여하고, 항상 모르는 것을 교과목 선생님께 질문하는 등 사소한 활동으로도 횡단평가에서 우수한 점수를 얻을 수 있다.

중앙대학교 다빈치인재전형

다른 대학과는 달리 전공 적합성 위주가 아니라 통합 역량을 조금 더 중요시하는 전형이다. 해당 전공(계열) 분야에서 전공에 적합한 탐구 능력을 보여주는 학생이 아니라 학업과 교내의 다양한 활동을 통해 균형적으로 성장한 학생을 더 높이 평가한다. 경험의 다양성을 중시하는 것이다. 중앙대학교 체육교육과를 희망한다면 체육과 교육에 너무 치우치지 않고 다양한 종류의 활동을 하는 것을 추천한다.

서울시립대학교 인재상 적합성

서울시립대는 학과별 인재상이 구체적으로 잘 정립된 대학이다. 그래서 전공 적합성을 넘어 학생이 지원 학과의 인재상에 적합한 지를 평가한다. 서울시립대 학종 가이드북에는 학과별 인재상이 모두 나타나 있다. 다음은 서울시립대학교 예술체육대학 스포츠 과학과의 인재상이다.

- 기초 교과 성취도가 우수하며 글로벌 감각을 갖춘 학생
- 체육 실기 능력이 뛰어나고 도전정신과 리더십 및 창의적 사고를 갖춘 학생
- 스포츠를 통한 사회공헌 및 봉사정신을 갖춘 학생

서울시립대학교 스포츠과학과는 글로벌한 활동, 리더십, 공동체 활동을 중점적으로 보며 체육 실기 능력이 뛰어난 학생을 높이 평가한다. 서울시립대를 희망하는 학생은 기초 교과, 즉 내신성적을 중시해야 하며 영어와 같은 외국어 관련 활동, 리더십과 스포츠를 통한 봉사정신을 보여줄 수 있는 활동을 하는 것이 좋다. 또한 실기를 평가하지 않는 학생부종합전형의 특성상 생기부를 통해 체육실기 능력을 어필할 것을 추천한다.

모두 다 똑같은 학종이라고 생각하지 말자. 수시 교과전형에서

교과 반영 방법, 정시에서 과목별 반영 비율이 대학별로 다른 것과
같이 학생부종합전형도 대학별로 반영 비율, 반영 방법 등이 다르다.
학종을 준비하는 학생이라면 모집요강뿐 아니라 학종 가이드북을
무조건 살펴보자. 학종 가이드북은 말 그대로 가이드를 해주는 책
이다. 지피지기면 백전백승이다. 희망 대학의 가이드북을 따라가
는 것만으로도 체대학종 필승 전략이 될 수 있음을 꼭 기억하자.

지원 대학 학과의
특성을 파악하라

"체대 나오면 뭐 할 거니?" 많은 학부모의 걱정 어린 질문이자 학생부종합전형에서 가장 중요한 질문이다. 학생부종합전형은 다른 전형과 달리 원서접수 기간에 학과를 선택하는 것이 아니라 미리 관심 학과나 진로를 선정해 내가 이 학과와 진로에 관심 있고 적합한지를 보여주어야 한다. 체대학종을 준비하는 학생들을 상담할 때 항상 먼저 질문하는 것이 있다.

"어떤 체육 분야에 관심이 많은가?"

'체육교사' 또는 '분야는 잘 모르겠어요'라는 대답이 대다수다. 이렇게 대답하는 가장 큰 이유는 학생들이 접하거나 주변에서 본 체육 관련 직업이 체육교사뿐이기 때문이다. 체육 관련 직업에 어떤 것들이 있는지 모르니 자신이 어떤 체육 분야에 관심 있는지를 모르는 것이다. 결국 학과 전공과는 무관한 활동을 함으로써 학생부종합전형에서 좋지 않은 결과를 얻는다. 학과는 전공 적합성(진로 역량)과 밀접한 관련이 있다. 전공 적합성을 중시하는 학생부종합전형에서 가장 먼저 해야 할 일은 체육대학 분야의 특성을 아는 것이다.

체육대학 계열 알기

체육대학은 크게 네 가지 계열로 나뉜다. 일반인 혹은 학생에게 체육·스포츠를 지도하는 교육자를 양성하는 체육교육(지도) 계열, 만성적인 질병과 건강상의 문제점을 해결하기 위한 운동이나 운동 프로그램을 처방하거나 스포츠 부상이나 재활과 관련된 전문가를 양성하는 건강 및 재활 계열, 전반적인 스포츠산업 분야에서 마케팅, 경영 등의 전문가를 양성하는 스포츠산업 계열, 스포츠 관련 과학을 탐구해 건강과 산업, 지도에 적용할 수 있는 전문가를 양성하는 스포츠과학 계열이다. 스포츠과학 계열은 보통 건강과

* 체육대학 계열 및 관련 학과 *

계열	학과
체육교육(지도)	모든 체육교육과, 생활체육학과 등
건강 및 재활	스포츠건강관리전공, 스포츠건강재활학과, 스포츠의학과 등
스포츠산업	스포츠마케팅학과, 스포츠산업학과, 스포츠매니지먼트전공 등
스포츠과학	스포츠과학과, 스포츠과학전공 등

산업 두 계열이 같이 소속되어 있는 경우가 많다.

체육대학의 다양한 학과들이 각 계열에 소속되어 있다. 그러나 학과 이름만 보고 계열을 유추해서는 안 된다. 학과 이름이 같더라도 계열의 특성은 다를 수 있다. 예를 들어 '순천향대 스포츠과학과'의 경우 체육교육(지도) 계열로 초점이 맞춰져 있고, '인하대학교 스포츠과학과'는 스포츠의학트랙, 스포츠산업트랙이 마련되어 있어 건강과 스포츠산업 분야 모두에 중점을 둔다. 각 학과의 계열을 알아보기 위해서는 각 대학의 교과과정을 살펴보는 것이 중요하다. 학과의 교과과정이 그 학과를 나타내기 때문이다.

아직 진로를 정하지 못했다면 각 대학의 교과과정을 먼저 조사해보자. 교과과정을 살펴보면서 관심이 가거나 흥미 있는 분야를 찾아보고 그 교과과정이 중심이 되는 계열을 알아보자. 지원 대학의 학과를 선택하는 데 교과과정은 중요한 요소이다. 그러나 건강 및 재활이라고 해서 건강 혹은 재활 관련 활동만, 체육교육이라고 해서 교육에 관한 활동만 해야 하는 것은 아니다. 계열과 관련된 교과과정만 있는 것이 아니기 때문이다. 체육교육 계열이라도 스포츠사회학, 운동역학 교과과정도 있고 건강 및 재활 분야라도 스포츠통계, 스포츠경영 교과과정이 있으므로 다양한 활동을 하는 것이 좋다. 그러나 학과의 계열과 관련된 활동이 중심이 되어야 한다.

학과의 특성을 알고 학종을 준비하는 학생과 그렇지 않은 학생은 큰 차이가 있다. 학과의 특성은 곧바로 전공 적합성과 연결된다. 전공 적합성을 운동, 스포츠로만 보여준다는 생각은 버리자.

체육대학은 운동을 배우는 학교가 아닌 체육이라는 학문을 배우는 곳이다. 그리고 그 학문은 네 가지 계열로 나뉜다.

교과과정을 조사해보면서 각 학과의 특성을 알아보고 어떤 활동을 중점적으로 진행할지 구체적으로 설계해보자. 그러면서 다른 누구보다 이 학과에 관심 있다는 것을 보여주자. 여러분을 명문대로 이끌 체대학종 전략의 첫 번째 단계다.

생활 관리만 잘해도 학종은
알아서 따라온다

학생부종합전형에서 나의 변화를 드러내는 것은 좋은 전략이다. 학종은 '성장'을 중요한 키워드로 본다. 따라서 학생이 학교생활을 하면서 어떻게 성장했는지를 학업 역량, 전공 적합성, 인성, 발전 가능성을 중심으로(2024년부터 학업 역량, 진로 역량, 공동체 역량 중심) 종합적으로 평가한다. 간단히 말하면 '내가 조금 부족했지만 이러이러한 활동을 통해 위와 같은 역량을 길러서 학과에 적합한 인재로 성장했어요'라는 점을 보여주면 된다.

성장을 위한 습관 변화는 생활 관리부터 시작된다. 실제로 이러한 생활 습관이 생기부에 어떻게 들어가는지 의아해하는 학생이나 학부모들이 있을 것이다. 그러나 다음 예시들을 보면 생활 습관의 중요성을 확실히 알 것이다.

- 예시1 : 자신의 학업 역량을 스스로 진단하고 아침 일찍 등교해 자기주도적으로 학습하는 시간을 마련해 본인이 부족한 학습을 보충하는 등 일관성 있게 노력하는 모습을 보여주는 학생임.
- 예시2 : 자기관리 능력이 우수해 원격과 등교 수업이 교차하는 학사 일정을 자율적으로 수행하며 계획적으로 생활하고 근면 성실한 생활 태도가 몸에 배어 있음.

이것은 행동특성 및 종합의견(이하 행특) 항목에 기재된 실제 생기부 내용이다. 행특은 1년간 담임선생님이 학생을 관찰하고 쓰는 내용으로 학생의 인성적인 부분과 발전 가능성을 객관적으로 파악하기에 가장 좋은 항목이다. (행특의 중요성은 3장에서 더 자세히 언급할 것이다.) 위 예시에서 아침 일찍 등교, 원격수업과 등교수업이 교차하는 일정에서 자율적으로 계획하고 생활했다는 내용을 통해 학생의 자기주도성, 성실성 등을 보여준다. 실제로 구체적인 사례를 언급했기에 더 신빙성 있는 내용이 된다.

그렇다면 생활 관리는 어떻게 해야 할까? 생활 관리를 잘하기 위해서는 먼저 나의 생활 습관을 점검할 필요가 있다. 그러나 많은 학생들이 먼저 자신의 생활 습관을 점검하지 않고 좋은 생활 습관을 '계획'하는 데 초점을 맞춘다. 현재의 생활 습관과 많은 괴리가 있지만 그냥 계획하고 실행해나가려고 노력한다. 초반에는 본인의 노력으로 지킬 수 있지만 결국은 부담을 느끼고 계획은 흐지부

지된다.

나의 생활을 돌아보고 성찰한 것을 바탕으로 변화를 꾀하는 것이 중요하다. 나의 오늘은 어땠는지, 이번 주는 어땠는지 돌아보면서 점검하고 조금씩 변화해야 한다. 항상 아슬아슬하게 등교 시간을 맞춘 학생은 30분 일찍 일어나서 등교하기, 학교 외적인 시간에 학원을 제외하고 공부할 시간이 없는 학생은 혼자 공부하는 시간 늘리기 등 이러한 방법을 통해 본인의 생활 습관을 더 좋은 방향으로 변화시켜야 한다.

담임교사와 교과목 교사들은 이렇게 좋은 방향으로 생활 관리를 해나가는 학생을 긍정적으로 인식하게 된다. 이러한 긍정적 인식으로 학생과 교사의 관계는 더욱 좋아지기 마련이다. 그리고 '세부능력 및 특기사항'이나 '행동특성 및 종합의견' 등에 기재되어 학생부종합전형에서도 당연히 좋은 점수를 얻을 수 있다. 실제로 생활 관리가 잘된 학생과 그렇지 않은 학생은 내신뿐만 아니라 생기부 내용에서도 질적인 차이를 보인다.

생활 관리는 곧 변화 과정이자 성장 과정이다. 성장은 학생부종합전형만을 위한 것도 아니다. 대입을 넘어 자기 자신에 대한 투자이다. 생활 관리는 성장의 가장 큰 바탕이다. 지금부터 나의 생활 습관을 되돌아보고 조금씩 변화해보자.

숫자에
집착하지 마라

"우리는 점수가 아닌 과정을 기억합니다." MBC 예능 프로그램
〈라디오스타〉에 출연한 정신건강의학과 의사이자 작가인 오은영
박사가 한 말이다. 오은영 박사는 패널들에게 "고등학교 2학년 2학
기 수학 점수를 기억하시나요?"라고 질문한다. 패널들은 답을 하지
못하고 오은영 박사는 다시 질문한다. "학생일 때 시험을 앞두고
밤샐 때 눈 비비기, 허벅지 때리기 등을 한 적이 있나요?" 패널들은
그제야 고개를 끄덕인다. 오은영 박사는 우리는 점수보다는 공부
했던 과정을 기억하므로 '나 열심히 했어'라는 기억을 심어주는 것
이 아이의 자아 형성에 효과적이라고 한다.

우리나라 교육과정 중에 특히 대입은 '과정'이 아닌 '점수'에 초
점을 맞췄다. 숫자로 이루어진 각종 점수를 반영하는 전형에 익숙
해진 학생과 학부모들은 과정을 중시하지 않게 되었다. 어찌 보면

우리가 숫자에 집착하게 된 이유는 교육과정에 있는지도 모른다. 이러한 상황, 즉 교육부와 대학도 점수만으로는 학생의 다양한 역량을 판단하지 못하는 교육과정의 문제점을 해결하고자 탄생한 것이 학생부종합전형이다. 점수 중심 교육과정에서 과정 중심 교육과정으로 변화하려는 시도였다. 학생부종합전형은 다양한 활동 내용을 통해 질적인 부분을 종합적으로 판단하는 정성평가 방식이다. 그러나 아직도 학생부종합전형의 본질을 파악하지 못하고 점수 중심에 머물러 있는 학생과 학부모들이 많다. 이제 그 과거의 생각에서 벗어날 때이다.

생활기록부의 숫자는 과정에서 나온 결과물이다

학생부종합전형에서 왜 숫자를 벗어나야 하는지 알기 위해 먼저 생기부에서 숫자로 이루어진 것들을 모두 살펴보자. 생기부 페이지, 내신등급·점수, 봉사시간 등이 대표적이다. 이것들이 왜 학생부종합전형에서 문제가 될까? 바로 숫자로 나타내는 것들은 과정이 아닌 결과물이기 때문이다.

공부하는 과정이 없으면 내신점수는 나올 수 없다. 봉사활동 과정이 없으면 봉사시간은 나올 수 없다. 마지막으로 공부와 기타 활동을 포함한 학교활동을 하지 않으면 생기부 페이지 수는 나오지 못한다. 이렇듯 숫자로 나타내는 생기부 요소들은 과정으로 인한 결과물일 뿐이다. 그러나 생기부 내용의 질적인 부분을 평가하는 정성평가라는 특성의 어려움과 점수로 대입을 치르는 것에 익숙해진 우리 학생들과 학부모들은 객관적인 데이터로 나타낼 수 있는 숫자에 집중(집착)한다. 그래서 어떻게 하면 양적인 부분을 늘릴 수 있을지 고민한다. 여전히 과거에 머물러 과정을 평가하는 학생부종합전형에서 숫자라는 결과물에 집중하는 모순을 보인다. 과정을 평가하는 학생부종합전형에서 여전히 과거에 머물러 숫자라는 결과물에 집중하는 모순을 보이고 있다.

숫자가 주는 모순

학생부종합전형의 입학사정관이 되었다고 생각하고 아래 몇 가지 사례를 살펴보자. 5등급에서 3등급이 된 A학생과 3등급에서 2등급이 된 B학생이 있다. 단순히 숫자만 보고 판단했을 때 어떤 학생이 더 좋은 결과를 얻을까? 보통이라면 3등급에서 2등급으로 성적을 올린 학생을 택할 것이다. 그러나 A학생은 자신의 영어 실력을 향상하기 위해 항상 고민했다. 모르는 단어가 있을 때마다 뜻을 찾아보고 그 단어를 이용한 예문을 만들어 다시 외웠다. 체육 관련 영어 지문을 학습할 때마다 심화 학습을 통해 관련 내용이 담긴 논문과 기사를 찾아보면서 폭넓은 지식을 얻었고 그로 인해 자연스럽게 성적도 올랐다는 내용이 생기부에 나타나 있다.

반면 B학생은 단지 시험 기간에만 집중해 암기 위주로 공부하고 등급 외에 학습 태도에 관한 내용이 나타나 있지 않다. 어떤 학생이 학생부종합전형에서 더 좋은 점수를 얻을 수 있겠는가? B학생은 등급 외에 학습 과정이 나타나 있지 않기 때문에 학업성취도 정도에서만 점수를 얻을 것이다. 등급은 더 높지만 공부(암기)만 한 학생으로 보일 수 있다. 그러나 A학생은 5등급에도 포기하지 않고 본인만의 방법으로 공부하고 교과학습을 넘어 전공 관련 활동까지 보여주며 성적을 올렸다. 학생부종합전형 평가자 입장에서 A학생은 학업 의지, 태도, 학업성취도, 탐구활동, 전공 적합성, 성실성, 자기주도성 등 다양한 역량을 보여주었으므로 B학생보다 더 좋은 점수를 준다. 점수가 아닌 과정을 평가하는 학생부종합전형이기에 가능한 것이다.

내신등급을 예로 들었지만 봉사시간도 마찬가지다. 자신만의 스토리나 과정 없이 단순히 시간만 많은 학생보다 봉사시간이 상대적으로 적더라도 공동체 의식이 잘 드러나며 본인만의 깨달음을 얻은 과정이 생기부에 드러난 학생이 더 많은 역량을 보여줄 수 있어 더 좋은 점수를 얻는다. 숫자에만 집중하면 안 된다는 것을 다시 한 번 강조한다.

과거의 학종에서 벗어나지 못하는 학생

숫자에 집착하는 학생들이 흔히 가지고 있는 '점수가 먼저다'라는 주장에 대한 근거가 있다. 과정에 대한 점수를 책정할 수 있는 명확한 기준이 없으니 우열을 확실히 가릴 수 있는 숫자가 더 중요하다는 것이다.

그러나 이는 아직 과거의 학종에서 벗어나지 못한 태도이다. 과거의 초기 입학사정관제는 교육부와 대학이 새로운 전형에 관한 혼란으로 인해 학생부종합전형도 수치로 나타나는 성적과 시간 등을 위주로 평가했다고 하지만, 이제는 그렇지 않다.

학생부종합전형이 탄생한 지 약 10년이 되어가는 과정에서 입학사정관들은 생기부 내용에 대해 우열을 가릴 수 있는 평가 기준을 마련하기 위해 계속 연구하고 발전시켜 왔다. 내가 직접 운영하는 체대학종 연구팀도 마찬가지로 이 평가 기준을 지속적으로 연구하며 정립해나가고 있다.

다음은 우리 학종 연구팀이 정립한 체대학종 평가요소 및 항목이다.

* 기존 및 새롭게 정립한 체대학종 평가요소 및 항목(체대학종 연구팀) *

평가요소	평가항목	세부 평가 내용
학업 역량	학업 성취도	• 전체적인 교과 성적은 다른 지원자들에 비해 어느 정도인가? • 학기/학년별 성적은 고르게 유지되는가? • 대학 수학에 필요한 기본 과목(국/수/영/사/과) 성적은 어느 정도인가? • 다른 과목과 비교해 소홀함을 보인 과목이 있는가? • 과목별로 이수자, 등급, 원점수, 평균/표준편차는 적절한가?
	학업 태도와 의지	• 새로운 지식 습득을 위해 자기주도적 태도를 보이는가? • 자발적인 성취 동기와 목표 의식을 가지고 넓고 깊게 학습하려는 열정과 의지가 있는가? • 교과활동을 통해 지식의 폭을 확장하고 새로운 것을 창출하려고 노력하고 있는가? • 교과 수업에서 집중력 있게 학습하고 적극적이며 스스로 참여해 이해하려는 태도와 열정이 보이는가?

학업 역량	탐구활동	• 교과에서 이루어지고 있는 탐구활동에 적극적인가? • 각종 교과 탐구활동을 통해 창의적인 결과물(발표/보고서 등)을 산출하고 있는가? • 탐구활동에서 표출되는 학문에 대한 열의와 지적 관심을 보이는가? • 성공적인 학업생활을 위해 적극적인 탐구 의지와 호기심을 가지고 있는가?
전공 적합성	체육 융합성	• 체육/스포츠를 다른 교과와 융합한 활동이 얼마나 되는가? • 체육 융합활동에서 학생의 구체적인 과정이 잘 드러나 있는가? • 지원자의 운동 능력은 우수해 보이는가?
	전공에 대한 관심과 이해	• 지원 전공(체육과는 다른 세부적인 개념)에 대한 흥미와 관심이 있는가? • 지원 전공에 대해 올바르게 이해하고 있는가? • 자신의 경험과 지원 전공의 연관성을 설명할 수 있는가?
	전공 관련 활동과 경험	• 지원 전공에 관련된 교과 관련 활동(세특, 수상 등)이 있는가? • 지원 전공에 관련된 창의적 체험활동(자율, 동아리, 진로)이 있는가? • 지원 전공에 관련된 독서가 있는가, 적절한 수준인가?(독서활동 상황보다는 창체, 세특 위주)
인성	협업 능력	• 자발적인 협력을 통해 공동과제를 수행한 경험이 자주 나타나는가? • 협력이 부족한 상황에서 주변인들을 설득해 협동을 끌어낸 경험이 있는가? • 공동과제나 단체활동을 즐기고, 구성원들로부터 좋은 동료와 친구로 인정받고 있는가?
	나눔과 배려	• 봉사 등을 통해 나눔을 생활화하고자 하는 경험이 지속적인가? • 학교생활에서 타인을 배려한 본보기로 언급되거나 모범이 된 사례가 있는가? • 본인과 다른 생각을 가진 상대방을 이해하고 존중하는 노력을 보이는가? • 자신의 것을 타인을 위해 나누고자 한 구체적 경험이 지속해서 나타나는가?
	소통 능력	• 새로운 지식이나 사고방식에 대해 열린 마음을 가지고 적극적으로 받아들이는가? • 수업이나 비교과활동에서 자신의 의견을 효과적으로 표현하고 있는가? • 자기 생각이나 의견을 논리적, 체계적으로 기술하는 경험이 나타나는가? • 다양한 공동과제, 모둠활동, 단체활동 등에서 타인의 의견을 경청하고, 상대방의 관심 사항과 요구를 공감하고 이해하고 있는가?
	도덕성	• 자신이 속한 집단이 정한 규칙과 규정을 준수하고, 자신에게 불리한 경우라 하더라도 이를 지키기 위해 노력하고 있는가? • 자신이 속한 구성원들에게 신뢰와 인정을 얻으며 바람직한 행동으로 모범이 된 것이 나타나는가? • 규칙이나 규정을 어긴 경우 자신의 잘못을 인정하고 개선하려는 노력이 보이는가?

인성	성실성	• 출결이나 단체활동 등에서 학생으로서 해야 하는 의무를 책임감 있게 수행하고 있는가? • 자신의 관심 분야나 진로 관련 활동을 지속해서 수행한 경험이 있는가? • 학업활동에 있어 지속적인 노력으로 꾸준함을 보여주는가? • 어려운 상황이 발생해도 일관된 모습으로 최선의 노력을 기울인 경험이 있는가?
발전 가능성	자기 주도성	• 다양한 교내활동에서 주도적, 적극적으로 활동을 수행하는가? • 새로운 과제를 주도적으로 생성하며 성과를 내는가? • 기존에 경험한 혹은 학습한 내용을 바탕으로 스스로 외연을 확장하려고 노력하였는가?
	경험의 다양성	• 자율, 진로, 동아리 등의 활동에서 다양한 경험을 쌓았는가? • 독서를 통해 다양한 영역에서 지식과 문화적 소양을 쌓았는가? • 예체능 영역에서 적극적이고 성실하게 참여하였는가? • 목표를 위해 도전한 경험으로 성취한 적이 있는가?
	리더십	• 학생회, 동아리 등 학생 주도 활동에서 임무를 수행한 경험이 있는가? • 공동체 목표를 달성하기 위해 계획하고 실행한 경험이 있는가? • 구성원의 화합과 단결을 이끌어가기 위한 구체적인 행동 경험이 있는가?
	창의적 문제 해결력	• 교내활동 과정에서 나타나는 문제점을 적극적으로 해결하기 위해 노력했는가? • 교내활동 과정에서 창의적인 아이디어를 통해 일을 진행한 경험이 있는가? • 주어진 교육 환경을 충분히 활용하였는가?

* 5개 대학 'NEW 학생부종합전형 공통 평가요소 및 평가항목'을 바탕으로
새롭게 정립한 체대학종 평가요소 및 항목 *

평가요소	평가항목	세부 평가 내용
학업 역량	학업성취도	• 전체적인 교과 성적은 지원자들보다 어느 정도인가? • 학기별/학년별 성적의 추이는 어떠한가? • 대학 수학에 필요한 기본 과목(국/수/영/사/과) 성적은 어느 정도인가? 다른 과목 성적은 전반적으로 무난한가? • 유난히 소홀함을 보인 과목은 없는가? • 과목별 이수자 수의 규모, 등급 외에 원점수(평균/표준편차 등)는 적절한가?
	학업 태도	• 새로운 지식을 획득하기 위해 자기주도적으로 노력하고 있는가? • 자발적인 성취 동기와 목표 의식을 가지고 넓고 깊게 학습하려는 의지와 열정이 있는가? • 교과 수업에서 적극적이고 집중력이 있으며 스스로 참여하고 이해하려는 태도와 열정을 보이는가?

학업 역량	탐구력	• 교과와 각종 탐구활동 등을 통해 지식을 확장하려고 노력하고 있는가? • 교과와 각종 탐구활동에서 구체적인 성과(발표/보고서 등)를 보이는가? • 탐구활동에서 표출되는 학문에 대한 열의와 지적 관심이 있는가?
진로 역량	전공(계열) 관련 교과 이수 노력	• 전공(계열)과 관련된 과목을 적절하게 선택하고 이수한 과목은 얼마나 되는가? • 전공(계열)과 관련된 과목을 이수하기 위해 추가적인 노력을 하였는가?(예 : 공동 교육과정, 온라인 수업, 소인수 과목 등)
	체육 융합성	• 체육/스포츠를 다른 교과와 융합한 활동이 얼마나 되는가? • 체육/스포츠 관련 활동에서 탐구하고자 하는 내용이 깊이 있게 잘 드러나는가? • 체육에 대한 관심과 흥미가 잘 드러나는가? • 지원자의 운동 능력은 우수한가?
	진로 탐색 활동과 경험	• 자신의 관심 분야나 흥미와 관련한 다양한 활동에 참여해 노력한 경험이 있는가? • 교과활동이나 창의적 체험활동에서 전공(계열)에 대한 관심을 가지고 탐색한 경험이 있는가? • 독서활동을 통해 다양한 영역에서 지식과 문화적 소양을 쌓았는가? • 지원 전공에 관련된 독서가 있는가, 적절한 수준인가?
공동체 역량	협업과 소통 능력	• 단체활동 과정에서 서로 돕고 함께 행동하는 모습이 보이는가? • 구성원들과 협력을 통해 공동의 과제를 완성한 경험이 있는가? • 새로운 지식을 수용하고 타인의 의견을 공감하는 태도를 보이며, 자신의 정보와 생각을 잘 전달하는가? • 자신의 생각이나 의견을 논리적, 체계적으로 기술하는 경험이 나타나는가?
	나눔과 배려	• 학교생활 속에서 나눔을 실천하고 생활화한 경험이 있는가?(봉사활동 포함) • 타인을 위해 양보하거나 배려를 실천한 구체적 경험이 있는가? • 나와 다른 생각을 가진 상대방을 이해하고 존중하는 노력을 기울이고 있는가?
	성실성과 규칙 준수	• 학업활동에 있어 지속적인 노력을 통해 꾸준함을 보여주고 있는가? • 자신의 관심 분야나 진로와 관련한 활동을 지속적으로 수행한 경험이 있는가? • 교내활동에서 자신이 맡은 역할에 최선을 다하려고 노력한 경험이 있는가? • 자신이 속한 공동체가 정한 규칙과 규정을 준수하고 있는가?
	리더십	• 공동체의 목표를 달성하기 위한 리더십을 보여주는 역할을 수행한 경험이 있는가? • 그 역할에서 구체적인 활동 과정이 잘 드러나는가?

* 2024학년도 입시부터 적용

이렇듯 구체적인 평가요소와 세부적인 내용까지 모두 평가될 수 있도록 체크리스트를 마련했다. 실제로 입학사정관들은 이 기준에 따라 학생의 생기부를 평가한다.(대학별로 기준은 조금씩 다를 수 있다.) 우리가 흔히 말하는 '깜깜이 전형'은 이제 옛말이다. 점수로만 학생을 평가할 수 있다는 편견은 이제 버려야 한다. 과정을 평가할 수 있는 세부적인 항목이 모두 마련되어 있다. 위 평가항목과 세부 요소를 계속해서 상기해보자. 적을 알고 나를 알면 백전백승이라는 말이 있듯이 평가항목과 요소를 알면 합격의 길이 보일 것이다.

　숫자로 대학 가는 시대는 지났다. 그러나 여전히 내신등급, 생기부 페이지 수, 봉사시간 등을 내밀며 학종으로 갈 수 있는 대학을 추천해달라는 학생들이 대다수다. 아직도 체대학종을 준비하는 학생들과 학부모들 대부분이 숫자에 집착하고 있다. 이러한 상황은 우리에게 앞서 나갈 수 있는 기회다. 체대학종 전략은 멀리 있지 않다. 숫자는 숫자일 뿐이다. 숫자에 집착하지 말고 과정과 활동에 더 집중하자. 그러면 숫자는 자연스럽게 따라올 것이다.

학교를
맹신하지 마라

2021년 1월 14일, 충북교육청에서 2020년 7월 6일부터 24일까지 도내 중학교 126개교, 고등학교 84개교 전체를 대상으로 진행한 생기부 사이버 감사결과를 공개했다. 놀랍게도 생기부 동아리 활동, 진로활동, 특기사항 총 45건에서 담당 학생 중 90% 이상의 학생에게 동일 내용을 기재했다는 결과가 나왔다. (이성기, "충북 중·고교 생기부 작성 엉망…교사 45명 무더기 '경고'", 〈뉴스1〉, 2021. 1. 14.)

우리와 거리가 먼 이야기가 아니다. 충북교육청은 기사를 통해 공개했지만, 이곳 외에도 전국에서 같은 내용의 생기부 기재 내용은 정말 많을 것이다. 나 또한 이와 같은 상황을 실제로 경험한 적이 있다. 동일 학교, 동일 학년의 학생 둘을 상담했는데 생기부 자율활동 특기사항이 100% 같은 경우를 보았다. 담임교사가 단순히 복사해서 붙여넣기로 기재한 것이라고 밖에 설명할 수 없는 상황이었다.

생기부는 우수한 사항을 중심으로 그 학생의 특성이 드러나도록 기재하는 것이 원칙이다. 동일한 내용의 생기부는 각 학생이 가지고 있는 특성을 전혀 보여줄 수 없다.

같은 반 혹은 같은 학년 친구와 나의 생기부 내용이 똑같다면 어떨까? 혹은 본인에게 의미 있고 기억에 남는 경험과 활동이 생기부에 없다면 어떨까? 학생이 본인 외에 다른 학생의 생기부를 보는 경우는 거의 없다. 그래서 나의 생기부가 잘 적혀 있는지, 혹은 다른 학생과 비교해서 나만의 특성이 잘 나타나는지 파악하기 힘들다.

같은 생기부 내용은 단순히 유사도의 문제가 아니다. 입학사정관들이 평가할 때 학생의 특성을 찾을 수 없기에 점수를 주지 못한다. 학생 입장에서는 억울할 수 있는데, 이러한 상황은 우리 주변에 흔하다.

동일한 토론과 동아리

동일한 내용으로 작성하는 가장 대표적인 것이 토론과 동아리 활동이다. 같은 토론 주제라도 학생마다 의견과 태도는 다르다. 그리고 학생이 생각하는 문제의 원인과 해결 방안도 개인마다 다르다. 그러나 생기부에는 '어떠한 주제로 하는 토론에 적극적으로 참여해 본인만의 의견을 내고 해결 방안을 내기도 함'과 같이 누구에게나 적용될 수 있는 내용을 작성한다.

다음은 동아리활동이다. 동아리활동에 주도적으로 참여한 내용을 생기부에 어필해야 한다. 실제로 많은 학생의 동아리활동 항목에는 본인이 어떠한 활동을 했는지 보여주는 것이 아니라 동아리가 어떻게 진행되었는지를 작성한 경우가 많다.

동일한 내용이 되지 않으려면?

많은 학생들이 다양한 활동에 참여한 후 선생님이 잘 써줄 거라고 믿는다. 물론 학교 선생님을 무조건 믿지 말라는 것은 아니다. 나의 활동에 대한 주도권을 전적으로 교사에게 넘기지 말라는 뜻이다. 내가 의미 있고 기억에 남거나 적극적으로 참여한 활동을 직접 담당교사에게 어필해야 한다. 이를 위해 앞에서 언급한 활동보고서를 활용해 동아리활동에서 나의 역할과 의견, 해결 방안을 정리해두는 것이 좋다.

학생부종합전형은 과정이라고 했다. 그러나 활동 과정뿐 아니라 끝맺음도 중요하다. 생기부에서 나를 보여주기 위해서는 끝맺음까지 본인이 주도적으로 마쳐야 한다.

학교생활기록부의 주체는 당신이다. 작성하는 선생님이 아니다. 생기부라는 일종의 고등학교 자서전을 '나'로 채워야 하고 그

주체는 내가 되어야 한다. 지금 당장 나의 생기부를 보며 '이 내용이 같은 반 혹은 같은 학교 학생의 생기부에 동일하게 들어가 있지 않을까?'를 냉정하게 분석해보자. 분석을 시작으로 본인만의 특성을 반영한다면 그 생기부는 당신을 명문대로 이끌어줄 것이다.

EXAM

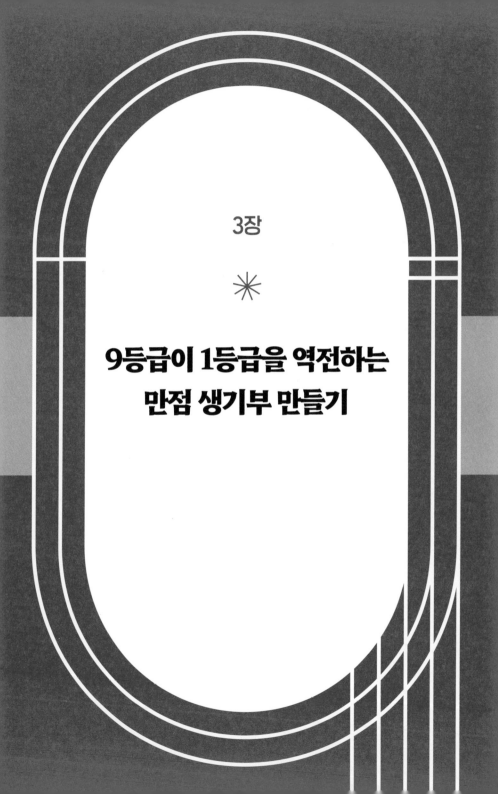

3장

＊

9등급이 1등급을 역전하는
만점 생기부 만들기

고등학교 '학교생활기록부'는 어떻게 생겼을까?

보통 학생들과 학부모들이 처음 '학교생활세부사항기록부'(이하 생기부)를 보는 시기는 2학년이다. 1학년 때는 생기부에 적힌 항목이 없기 때문이다. 그래서 생기부가 어떻게 구성되어 있는지를 모르는 경우가 많다. 그러다 보니 어떤 활동을 해야 하는지도 모른 채 그저 단체활동이나 수업을 따라갈 뿐이다. 결국 그러한 학생들의 1학년 생기부는 빈약할 수밖에 없다.

생기부 구성 요소를 보기 전에 먼저 생기부를 학생이나 학부모들이 볼 수 있는 세 가지 방법부터 알아보자.

- 나이스 홈페이지에서 온라인 생기부 열람
- 고등학교 행정실에서 직접 신청 및 출력
- 담임선생님께 문의해 출력

만점 생기부 만들기에 앞서 우리는 생기부가 어떤 항목으로 구성되어 있는지 알고 준비해야 한다. 생기부 양식을 모르고 학종을 준비하는 것은 시험 과목을 모르고 시험 공부를 하는 것과 같다. 생기부의 구성 요소를 구체적으로 파악해 만점 생기부로 향해보자!

다음 내용은 생기부 양식을 정리해놓았다. 대입에 미반영되는 항목은 형광펜 표시로 알아보기 쉽게 분류했다.

학교생활세부사항기록부

학년	학과	반	번호	담임성명	
1					(사진)
2					
3					

1. 인적·학적 사항

학생정보	성명 : 성별 : 주민등록번호 :		
	주소 :		
학적사항	0000년 00월 00일 00중학교 제3학년 졸업		
	0000년 00월 00일 00고등학교 제1학년 입학		
특기사항			

⋯⋯▸ 학생의 인적 사항으로 성명, 주민등록번호, 학적 사항 등과 출신 고등학교를 유추할 수 있는 모든 것이 미반영된다. 특기사항에는 재입학, 전학 등과 같은 특수 상황을 기재한다.

2. 출결 상황

학년	수업일수	결석일수			지각			조퇴			결과			특기사항
		질병	미인정	기타	질병	미인정	기타	질병	미인정	기타	질병	미인정	기타	

┄┄→ 학생의 출결에 대한 항목이다.

3. 수상경력

학년 (학기)		수상명	등급(위)	수상연월일	수여기관	참가대상 (참가인원)
1	1	독서탐구토론대회	우수(2위)	2020.09.29.	00고등학교장	1학년(230명)
	2	교과우수상(과학)		2020.09.25.	00고등학교장	수강자
2	1					
	2					
3	1					

┄┄→ 교내 대회 중 받은 상의 명칭, 등수, 수상일, 기관, 참가대상
이 기재된 항목이다. 2022학년도부터 대입에서 한 학기당 1개의
수상만 반영되어 보통 고3 대입 원서접수 전 대입에 반영할 수상
을 학생이 직접 고른다.

또한 인적 사항과 마찬가지로 수여기관 등과 같이 지원자의 출
신 고등학교를 유추할 수 있는 내용은 대입에 미반영된다. 2024학

년도부터는 아예 수상경력 자체가 대입에 미반영되는 것으로 변경된다.

---

4. 자격증 및 인증 취득사항

〈자격증 및 인증 취득사항〉

〈국가직무 능력표준 이수 상황〉

···→ 전체 미반영된다.

---

5. 창의적 체험활동 상황(창체)

학년 (학기)	창의적 체험활동 상황		
	영역	시간	특기사항
1	자율활동		
	동아리활동		
	진로활동		희망분야
2	자율활동		
	동아리활동		
	진로활동		희망분야
3	자율활동		
	동아리활동		
	진로활동		희망분야

···▸ 자율활동

학생들이 자율적으로 참여하는 활동이 기재된다. 보통 교사나 학교가 다양한 학교 프로그램을 마련하고 그 속에서 자율적으로 참여하도록 독려하기 때문에 단체활동이 대다수다. 또한 학생회, 반장, 부반장 등의 학급 혹은 학교에서의 역할과 활동을 나타낼 수 있는 항목이다.

···▸ 동아리활동

정규동아리와 자율동아리로 나누어진다. 정규동아리에서 활동한 내용이 나타나는 항목이다. 자율동아리의 경우 30자 제한 때문에 활동을 나타내기는 거의 불가능하다. 또한 2024학년도부터는 자율동아리도 미반영된다.

···▸ 진로활동

학생의 진로와 관련된 모든 활동이 나타나는 항목이다. 적성검사, 성격검사, 진로 강의 및 체험 등이 있으며 진로를 위해 고민한 내용과 진로 관련 활동도 모두 기재할 수 있다.

학년 (학기)	봉사활동 실적				
	일자 또는 기간	장소 또는 주관기관명	활동내용	시간	누계 시간
1					
2					
3					

⋯▸ 학교 혹은 개인적으로 참여한 봉사활동에 대해 기재하는 항목이다. 2024학년도부터는 개인 봉사활동 내용이 대입에 미반영된다.

6. 교과학습 발달 상황
[*학년]

학년 (학기)	교과	과목	단위수	원점수/ 과목 평균 (표준편차)	성취도 (수강자 수)	석차 등급	비고
1							
2							
이수단위 합계							

⋯▸ 이수한 과목과 성적이 기재되는 일종의 성적표이다. 학생부종합전형에서는 석차등급만을 반영하지 않고 원점수, 평균, 표준편차, 수강자 수 등을 종합적으로 평가해 학업성취도의 우수성을 평가한다.

과목	세부능력 및 특기사항
(예시)	
(1학기)화법과 작문 : ~~~~	
(2학기)화법과 작문 : ~~~~	
(1학기)확률과 통계 : ~~~~	

⋯ 교과 담당교사가 기록하는 세부능력 및 특기사항을 줄여서 '세특'이라고 부른다. 학생의 수업 태도, 수업 내용, 수행평가 활동, 탐구활동 등 성적표에서 드러나지 않는 전반적인 학업 내용이 기재되는 항목이다. 진로 선택 과목, 예술 체육 과목들도 성적표와 세부능력 및 특기사항 모두 기재된다.

7. 독서활동 상황

학년 (학기)	과목 또는 영역	독서활동 상황
1		
2		
3		

⋯ 학생이 고등학교 재학 중 관심 있거나 읽고 싶었던 독서활동을 기록하는 항목이다. 담임교사가 기재하며 독서활동 상황에는 책의 제목과 저자만 나온다(예를 들어 '스포츠 한국사(김학균 외)'). 또한

2024학년도부터 독서활동 상황이 대입에 미반영된다.

8. 행동특성 및 종합의견(행특)

학년 (학기)	행동특성 및 종합의견
1	
2	
3	

⋯⋯ 담임교사가 기재하는 항목으로 고등학교 생활에서 전반적인 학업 태도와 인성, 발전 가능성을 중심으로 기재하는 항목이다.

만점 생기부를 만드는
두 가지 핵심 요소

코로나19 팬데믹 상황에서 진행된 일방적인 강의식 수업은 아이들을 획일화하며 교내활동을 축소했다. 또한 '대입제도 공정성 강화 방안'으로 인한 생기부 기재 사항 축소는 학생들과 학부모들의 혼란을 더욱 가중시켰다. 그러나 학교와 선생님들은 학생부종합전형을 준비하기 위한 구체적이고 세부적인 사항을 이야기해주지 않는다. 심지어 학생부종합전형을 언급하지 않는 학교도 많다. 그래서 학생과 학부모들 사이에서는 학생부종합전형을 잘 아는 선생님을 만나는 '운'이 대학 합격을 좌우한다고도 말한다. 그러나 언제까지나 그 운을 기다릴 수는 없다. 만점 생기부의 핵심 요소 두 가지를 먼저 확인하고 그 운을 스스로 만들어보자.

사실이 매력을 만든다

만점 생기부를 만들기 위해서는 먼저 학교생활기록부 내용의 본질을 파악해야 한다. 생기부는 학생의 활동 내용에 대한 '사실'과 그 활동 내용을 바탕으로 한 교사의 의견, 즉 '평가'로 이루어진 기록물이다. 고등학교 생기부는 물론 초등학교, 중학교 생기부도 이 본질에 따라 작성된다. 먼저 보아야 하는 것은 생기부 기재 내용에서 사실과 평가의 비중이다. 신기하게도 같은 학교 학생이라도 교사별로 이 비중이 다르고 같은 교사라도 진로활동과 자율활동에서 이 비중이 다르다.

그렇다면 사실과 평가 둘 중 어느 것에 더 초점을 맞춰야 하는지 궁금할 것이다. (사실 이 질문을 하는 학생은 그다지 많지 않다. 생기부의 본질 자체를 모르는 학생들이 대다수이기 때문이다.) 정확한 이해를 위해 예시를 살펴보자.

(2학기) 한문 I : 어휘력이 풍부하고 단문을 해석하는 능력이 우수하며, 이를 문장 속에서 잘 활용해 하나의 문장으로 완성하는 능력이 돋보임. 실사와 허사 익히기 학습 시 실사 허사를 정확하게 구분해내고 정리해 모둠원들에게 잘 설명하고 발표해 문제 해결 능력이 우수함. 모둠활동 시에는 모둠 내에서 즐거운 수업 분위기를 조성하기 위해 창의적이고 재치 있게 문제를 해결하는 모습을 보임.

이것은 사실보다 평가 중심의 내용이다. '어휘력이 풍부하고 단문을 해석하는 능력이 우수', '문제 해결 능력이 우수', '창의적이고 재치 있게 문제를 해결'이라는 단어와 문장 모두 선생님의 입장에서 아이를 '판단'하고 작성한 평가이다. 학생의 활동에 대한 사실은 '실사 허사를 정확하게 구분해내고 정리해 발표함'밖에 없다. 평가를 통해 학생의 우수성을 알 수는 있으나 그 우수성에 대한 사실, 즉 활동 내용이 부족해 '우리 학생 잘해요'라고밖에 들리지 않는다. 그보다는 발표 주제와 동기, 발표 내용을 위주로 기재되었다면 더 매력적인 생기부가 되었을 것이다.

다음으로 사실 중심의 생기부 기재 예시를 보자.

> 심화 국어 : 자신의 진로와 관심 분야를 고려해 '학교폭력'에 대한 정보를 다양하게 수집하고, 정보를 체계적으로 조직해 정보 전달을 목적으로 하는 글을 작성함. 학교폭력을 예방하기 위한 '학교폭력 멈춰!' 캠페인의 실효성을 살펴보고, 예전과는 다른 형태의 학교폭력 현황을 통계 자료로 제시해 새로운 학교폭력 해결 방안의 필요성을 강조함. 작성한 글을 바탕으로 ppt를 실시했는데 청중들에게 발표 자료와 관련한 질문을 해서 집중을 유도해나간 점이 인상적이었음.

평가 부분이 '정보를 체계적으로 조직', '인상적이었음' 정도에만 드러난다. 이를 제외한 모든 부분에서 제3자의 평가가 포함되어 있지 않다. 오직 사실에만 초점이 맞춰져 있다. 학생은 활동을 통해 솔직한 나의 모습을 보여주고 자신만의 매력을 어필할 수 있었다.

　학생부종합전형은 나의 매력을 보여주면서 나에 대한 흥미를 이끌어야 하는 전형이다. 매력은 본인의 행동, 즉 활동 내용을 통해 보여주는 것이지 제3자의 평가로는 매력을 어필하지 못한다. 활동 중심의 내용을 '구체적으로' 보여주면서 적절한(비중이 크지 않은) 평가까지 갖춰진다면 당신의 매력을 알게 된 입학사정관들은 합격이라는 결과로 보답할 것이다.

자세함이 아닌 구체성

　그렇다면 나의 매력을 보여주기 위해 '구체적으로' 무엇을 해야 할까? 학생부종합전형에 관심을 가지고 준비하는 학생이라면 '구체적'이라는 단어를 많이 들어보았을 것이다. '항상 구체적으로 작성해라', '구체적으로 써야 좋은 생기부가 된다'고 말하는데, 구체적이란 어떤 것인지 설명해주는 사람은 주변에 한 명도 없다. '구체적으로 작성하라'란 단순히 활동 내용을 보고서처럼 '자세히' 작성하라는 것이 아니다. 활동하게 된 이유와 계기, 그 활동을 어떻게 진행했는지, 그리고 결과는 어떠했으며 나에게 어떤 영향을 미쳤고 나는 어떻게 변했는지 과정을 작성하라는 것이다. 실제 예시를 통해 더 쉽게 이해해보자.

한국사 : 황산벌 전투를 수행평가의 관심 있는 역사적 사건의 탐구보고서로 제출함. 보고서에 따르면, 황산벌 전투란, 백제 의자왕 때 황산벌에서 계백이 이끄는 백제군과 김유신이 이끄는 신라군이 벌인 전투임. 백제 의자왕은 계백 장군에게 5,000명의 결사대를 조직해 신라군과 맞서라고 명령하였고, 계백은 아내와 자식들을 죽이고 전쟁터에 나갈 만큼 각오가 매우 높았음. 신라군은 백제군에 네 차례 모두 패하자 다섯 번째에 관창을 비롯한 젊은 화랑도들의 활약으로 백제를 물리침. 처자식을 죽이고 나온 계백과 죽음을 무릅쓰고 싸움에 임했던 관창을 비롯한 화랑도의 활약이 빛났던 황산벌 전투가 우리 역사에서 중요한 전쟁이었다고 보고서에 작성함.

위의 예시는 거의 '꽝'에 가까운 생기부 내용이다. 사실상 글자 수 채우기에 급급한 내용이라 해도 과언이 아니다. 보고서 자체에만 초점이 맞춰져 있어 보고서를 자세히 설명하는 것에 그치고 있다. 생기부의 주인인 학생을 설명하는 것이 아니라 백제군, 신라군이 중심이 된 것이다. 나의 모든 것을 보여주기에도 부족한 생기부에서 글자 수만 잡아먹는 내용이다. 보고서 내용을 자세히 기재하는 것으로는 학생만의 특색 있는 역량을 드러낼 수 없다. 이 내용에서는 탐구 역량이나 성실성 정도밖에 파악할 수 없다. (이마저도 좋은 점수를 받지 못한다.) 그럼 이제 좋은 생기부 예시를 살펴보자.

체육 활동에 관심이 많아서 주어진 수행과제에 최선을 다하는 모습을 항상 보임. 배드민턴 수행과제에서 셔틀콕을 멀리 보내는 수행을 하는 데 어려움이 있었으나, 배드민턴 스윙에 대한 역학적 원리인 순차적 가속에 대해 스스로 찾아보고 연구하는 모습을 보였으며 이를 자신의 폼으로 적용하기 위해 끊임없이 노력해 우수한 성취 수준을 받게 됨. 자신의 성적을 내는 데 그치지 않고 스윙에 어려움이 있는 친구들을 찾아가 자신의 경험을 토대로 원리를 알려주며 봉사하는 또래 교사 역할을 하는 모습을 보임.

이 내용은 자세한 활동 내용(배드민턴 연구의 세부적인 내용)이 아닌 학생에게 초점이 맞춰져 있다. 배드민턴 스윙에 관한 연구를 하게 된 계기와 활동 내용, 더불어 활동 후 변화된 모습까지 나타나 있다. 구체적인 내용에 필요한 요소가 거의 모두 포함되어 있다. 학생의 탐구 역량, 전공에 대한 관심, 학업 태도, 자기주도성, 협업 능력까지 보여주는 만점짜리 생기부이다.

실제로 전자의 예시처럼 적힌 생기부가 많다. 자세히 작성한다면 뭔가 풍성한 생기부처럼 '보일' 수 있고 학교나 교사들도 기재하기 편하기 때문이다. 하지만 그런 내용으로는 학생의 역량을 보여줄 수 없다. 약 50점짜리 생기부에 지나지 않는다. 그에 비해 후자의 예시는 전자보다 학생의 역량을 더 많이 보여줄 수 있다. 두 가지 이상의 활동으로 역량도 2배로 보여준다. 세부적인 내용이 아니라 과정에 집중하는 것이 만점짜리 생기부의 가장 큰 발판이다.

내가 경험하고 주도한 행동을 진솔하게 사실적으로, 그리고 구체적으로 보여주어 매력을 어필하는 것이 특색 있는 생기부를 만들어 나를 차별화하는 전략이다. 그래서 생기부는 생활'기록'부가 아닌 시간의 흐름에 따른 나의 행동 변화로 이루어진 일종의 '자서전'이 되어야 한다. 생기부를 단순히 대학 합격의 수단으로만 여기고 '기록'한다면 그 의도는 생기부에 고스란히 드러날 것이다. 단순한 기록이 아닌 나의 이야기를 생기부에 담자. 그 이야기는 분명 입학사정관과 교수들의 관심을 끌고 대학에서 이어갈 당신의 이야기까지 궁금하게 만들 것이다.

가산점의 영역인
수상을 공략하라

2023학년도 대입을 치르는 학생들은 모든 교내 수상을 대입에 반영할 수 없고 학기당 1개씩 총 5개(재수생의 경우 6개)를 선택해야 한다. 심지어 2024학년도 대입, 즉 현재 고2의 경우 수상경력이 아예 대입에 미반영된다. 그래서 많은 학생들이 학생부종합전형에서 수상의 비중이 높지 않다고 생각해 교내 대회를 소홀히 한다.

수상 개수에 제한이 없던 이전에 비해 수상경력의 비중이 낮아진 것은 사실이다. 그러나 2024학년도 수상경력이 대입에 미반영되는 날까지 '수상'은 좋은 가산점의 영역이다. 수상을 통해 학생의 관심 분야에 대한 이해, 열정 그리고 전공을 제외한 다양한 경험과 강점을 보여줄 수 있다. 수상을 통해 보여줄 수 있는 것을 확인해 만점 수상경력으로 나아가 보자.

수상경력은 약점을 보완하는 훌륭한 전략

수상은 특히 등급이 낮은 과목의 약점을 보완할 수 있는 효율적인 전략이다. 학생부종합전형은 등급만 보는 것이 아니라 다양한 활동을 통해 종합적으로 평가하는 전형이다. 실제로 성균관대학교 2022학년도 학종 가이드북에서 수상경력 평가 내용을 살펴보면 "수상경력은 학교생활기록부의 다른 영역과 연계해서 생각해볼 때 학업 역량, 특기 등 자신의 강점이나 지원 전공과의 관련성을 드러낼 수 있는 대회 혹은 자신의 약점을 보완할 수 있는 실적은 어떤 것인지 고민해보아야 한다"고 되어 있다.

주요 평가 역량으로는 학업 역량뿐 아니라 활동의 '다양성', '자기주도성', '발전 가능성' 등을 모두 평가한다고 되어 있다. 그래서 등급이 낮은 과목과 관련된 대회 수상경력이 있다면 학업 의지, 탐구 역량, 발전 가능성 등을 더 보여줌으로써 보완할 수 있다. (역량을 잘 보여줄 수 있는 대회에서 수상한다면 오히려 점수를 더 얻을 수 있다.) 심지어 수상을 통해 학생에 대한 호기심이 높아져 서류 점수가 좋으면 면접까지 이어지기도 한다.

'영어 포트폴리오 대회', '영어 말하기 대회', '수학 산출물 대회', '과학 독서대회' 등 과목에 관한 모든 수상이 약점 보완에 효과적이다. 교과학습에만 멈춰 있는 학생이 아닌 관심 분야에 대한 이해도, 열정, 그리고 다양한 경험까지 많은 영역을 보여줄 수 있는 수상은 소홀히 하지 말아야 할 중요한 영역이다.

체육·스포츠 수상은 가산점을 받기 어렵다

많은 학생들이 수상을 통해 전공 적합성을 보여주기 위해 '스포츠' 혹은 '체육' 관련 이름만 보고 대회에 참가한다. 그 외의 대회들은 전공과 연관 없다고 여겨 거들떠보지도 않는다. 상담을 진행했을 때 수상경력이 조금 미흡했던 학생들 대부분이 대회가 없었던 것이 아니라 위와 같은 이유로 인해 다른 대회에 참가하지 않았다고 했다. 그러나 사실 체육이나 스포츠 관련 수상은 가산점을 받기 힘들다.

그 이유는 첫째, 보통의 스포츠 관련 수상은 운동 능력의 우수성만을 보여주는 대회이기 때문이다. 운동 능력이 전공 적합성과 많은 연관이 있다고 생각하겠지만 그 의미는 적다. 대학은 학문을 배우는 곳이다. 그래서 입학사정관에게 점수를 얻기 위해서는 운동 능력의 우수성보다 학업적인 관심, 다양한 탐구 역량을 보여주는 것이 더 효과적이다. 체육·스포츠 수상은 가산점 영역으로 이용하기에 좋은 수상이 아니다. 그러나 스포츠를 이용한 탐구 대회인 스포츠 정책 대회, 스포츠 연구 대회 등과 같은 수상은 전공 적합성과 탐구 역량을 모두 보여주는 수상으로 가산점을 확실히 받을 수 있다.

두 번째 이유는 가산점은 다른 항목과 연계되어 그 항목과 시너지를 내야 얻을 수 있기 때문이다. 그러므로 수상만으로는 좋은 점수를 받을 수 없다. 학생부종합전형에서 수상을 통해 평가하고자 하는 가장 핵심적인 것은 바로 수상이 어떻게 생기부 속 다양한 활동과 연계되느냐이다. 실제로 아래 한양대학교 학생부종합전형 가이드북을 살펴보면 수상경력은 수상의 여부, 등위 등으로 판단하는 것이 아니라 수상경력과 다양한 창의적 체험활동, 세부능력 및 특기사항, 행동특성 및 종합의견 등을 연계해 평가한다고 기재되어 있다.

2022 한양대학교 학생부종합전형 안내

수상경력	2022학년도 대입전형에서는 학기당 하나의 수상경력만 대학에 제공됩니다. 이에 따라 학생부상에서 본인의 강점을 잘 드러낼 수 있는 수상이 무엇인지 고민해야 합니다. 수상경력의 유무, 등위 등으로 평가하는 것이 아니라 수상경력에서 드러난 학생의 역량을 창의적 체험활동, 세부능력 및 특기사항, 행동특성 및 종합의견에서 드러난 역량과 상호 연계 및 비교 확인하여 횡단평가를 진행합니다.

출처: 〈2022 한양대학교 학생부종합전형 안내〉, 한양대학교 입학처

체육·스포츠 관련 수상이 아니어도 된다

앞서 말했듯이 체육·스포츠 관련 수상은 가산점을 얻기 어렵다. 그렇다면 체대학종을 준비하는 학생들에게는 수상이 필요하지 않은 것인가? 그렇지 않다. 가장 먼저 알아야 할 핵심은 수상경력이 꼭 전공과 관련될 필요는 없다는 것이다. 전공과 관련되어 있지 않더라도 다양한 종류의 대회 참여가 학생의 다양성과 다른 활동과의 연계성을 더 잘 보여줄 수 있다. 또한 각종 대회 과정에서 탐구 주제를 체육과 융합해 전공 적합성(진로 역량)까지 보여줄 수 있다.

체육과 관련된 대회는 아니지만 체육과 융합할 수 있는 대회 몇 가지를 추천한다.

- 각종 토론 대회
- 각종 과학 탐구 대회
- 각종 사회문제 해결 연구 대회
- 각종 발표 대회

위의 대회들은 그 자체로도 학생의 다양한 역량을 보여줄 수 있으며 대회 주제를 체육과 융합해 전공 적합성(진로 역량)과 탐구 능력까지 보여줄 수 있다. 또 다른 역량을 보여주기에 좋은 대회라고 생각한다면 모두 참여하는 것이 좋다. 대회는 관심 있는 체육 분야를 탐구하는 데 좋은 수단이 될 것이다.

수상 과정을 어필해보자

대회 탐구 과정은 스토리텔링을 통해 학생의 탐구 능력과 자기주도성을 어필할 수 있는 좋은 도구이다. 다만 수상경력의 특성상 수상의 '결과'만 기재되는 것이 아쉬울 수 있다. 그러나 대회 과정에서 스스로 역량을 넓히기 위해 어떤 노력을 했는지 탐구 과정을 생기부 다른 영역에 기재할 수 있다.

'여학생의 체육수업 참여 저조 현상에 대한 원인과 해결 방안 탐구'라는 주제로 보고서를 작성함. '남녀공학 중학교 시절 체육 시간 여학생들의 참여가 저조했던 이유가 무엇일까?'라는 의문을 가지고 ○○구 지역 여자 고등학생들을 상대로 질문지와 자료 탐구를 통해 그 원인을 조사하고 분석해 보고서를 작성함. 이를 통해 여학생도 운동 자체에 대한 흥미는 있지만 교사의 역할에 따라 수업의 참여도가 달라지고 있다는 것을 자료를 통해 분석해내고, 체육수업에서 교사의 적극적인 교수 방법 개발이 필요함을 주장함.

위 예시는 실제로 교과과정에서 진행했던 탐구 과정을 이용해 대회까지 참여해 수상한 사례이다. 사회문제탐구 세부능력 및 특기사항에 그 과정을 기재해 수상경력만으로는 나타나지 않는 학생의 학생의 탐구 역량, 자기주도성, 학업 태도까지 모두 보여줄 수 있었다. 세부능력 및 특기사항에 수상 내용은 없지만, 수상경력 과정을 드러내는 것은 가능하다. 또한 수상하지 않더라도 진로, 자율, 과목별 학습과 관련 있다면 그 부분도 어필할 수 있다.

수상 여부와 상관없이 대회 탐구 과정은 학생만의 유일한 경험이자 특성이므로 수상하지 못했더라도 담당 선생님들께 어필해 보자.

수상경력은 나의 능력을 더욱 끌어올리는 수단이다. 그리고 수상 여부와 상관없이 대회 준비 과정을 통해 자신만의 깨달음과 특별한 가치를 얻었을 것이다. 그 깨달음과 가치를 통해 내신 혹은 생기부만을 위한 활동에만 집중하는 학생들은 얻지 못하는 진정성과 잠재 능력을 보여줄 수 있다. 수상 개수가 제한됨에 따라 수상경력의 비중이 줄었들었다고 생각해 대회 자체도 피하는 것은 만점 생기부를 피해가는 전략이다. 할 수 있는 한 많은 대회에 참가하자. 수상을 통한 가산점은 만점 생기부에 더 가까이 다가가는 훌륭한 전략이다.

자율활동,
정말 자율적이었나요?

자율활동을 무시했다

학생들은 세부 교과목 수업과 연관된 활동을 기재하는 세특과 내신에 집착했다. 교사는 학생들을 파악하지 못하고 학급활동이나 교육과 같은 단체활동에 참여하고 이수했다는 사실만을 시간 순서대로 자율활동에 기재했다. 심지어 시행 일시까지 모두 작성하며 글자 수만 늘렸다. 지금도 여전히 그렇게 진행하고 있다. 원래 참여만으로 생기부에 기재되었던—점수는 별로 얻지 못했던—학급이나 학교 자체에서 진행하는 단체활동은 코로나19로 인해 참여하기도 쉽지 않았다. 생기부에 날개를 달아줄 자율활동을 무시한 것이다.

이제 남들이 신경 쓰지 않는 자율활동을 통해 생기부에 날개를 달아 역전의 기회로 만들어보자.

자율활동이란?

자율활동이 역전의 기회가 되려면 먼저 자율활동이 무엇인가를 알아야 한다. 자율활동은 '학급과 학급 구성원들의 자율적인 참여를 중시하는 활동'이다. 그래서 학교 프로그램, 교육, 학급회의 등의 단체활동이 대다수다. 그로 인해 자율활동에는 단순 참여형 활동만 기재되는 경우가 많다. 더불어 코로나19 상황으로 인해 대다수 학생의 자율활동은 온라인 교육으로 채워져 있다.

2장에서 언급한 사례처럼 같은 학교 학생들은 자율활동이 같거나 거의 비슷한 내용이 많다. 또한 어떤 교육이나 단체활동의 모든 시행 일시까지 작성해서 글자 수만 채운다. 그 글자 수로 구체적인 활동 한 가지를 쓸 수 있을 텐데 말이다. 이러한 경우 활동 안에서 개인의 특성을 찾기가 상당히 어렵다. 그렇다면 자율활동에서 점수를 얻는 방법은 무엇일까?

끌려가지 말자

가장 중요한 점은 학교활동과 선생님에게 '끌려가지 않아야 한다는 것'이다. 수동적으로 활동만 하는 것이 아니라 주도해야 한다. 단체활동에서 내가 할 수 있는 역할이 무엇인지, 활동을 통해 어떤 것을 깨달았는지 항상 고민하며 나의 활동으로 만들어야 한다. 더욱 명확한 이해를 위해 다음 예시를 살펴보자.

> 학급자치 시간에 체육 분야 모둠장으로서 주도적으로 구체적 활동을 계획하고 친구들의 의견을 수용해 활동이 원활하게 이뤄지도록 이끎. 각자의 수준에 맞게 운동하고 기록을 공유하며 피드백을 주고받는 운동 챌린지를 하기로 함. 주 3회 턱걸이와 푸시업을 10회 이상 횟수를 늘려가며 진행했으며 챌린지를 포기하지 않고 완수함. 자신의 한계를 넘어서는 도전 의식과 끈기를 기를 수 있어 좋았다는 평을 받음.

위는 단체활동에서 나의 역할을 찾아 활동한 예시다. 실제 상담했던 학생의 예시로 선생님이 활동을 전혀 주도하지 않고 단지 자치 시간만 마련해주었다고 한다. 이 학생은 대다수 학생처럼 자치 시간을 무의미하게 보내지 않고 체육 분야 모둠장이라는 본인의 역할을 찾아 스스로 활동을 기획하고 실행했다. 수동적으로 자치 시간에 끌려간 것이 아니라 본인 스스로 자치 시간을 이끌었다. 그러나 '우리 학교는 자치 시간에 자습해' 혹은 '선생님께서 전혀 이러한 시간을 주지 않아'라고 하소연하는 학생들이 많다.

그런 학생들을 위해 다른 예시를 준비했다.

학교폭력예방교육을 통해 학교폭력으로 인한 또래 청소년이 겪는 안타까운 현실을 다룬 영상을 시청한 후, 관련 영상을 스스로 찾아보며 지식과 사고의 폭을 넓힘. 체육교사가 되어 어떤 학생이든 존중하며 소중히 대할 것을 다짐했으며 학교폭력의 원인에 대해 정확히 인지하고 발생을 미연에 방지하도록 노력하겠다는 생각을 확고히 함.

위 예시는 자칫하면 이수 여부로만 끝날 수 있는 예방교육 활동에서 본인이 깨달은 점과 향후 포부까지 어필해 본인만의 활동으로 만들었다. 대부분의 학생은 학교폭력예방교육, 성폭력예방교육 등을 이수한 사실만이 자율활동에서 드러난다. 다시 말해 본인만의 활동으로 만들지 못한다는 것이다. 그러나 위 학생은 단순 교육 이수에 그치지 않고 스스로 또 다른 관련 영상을 찾아보기도 하며 깨달은 점을 본인의 진로희망인 '체육교사'와 융합했다. 글자 수가 많지는 않지만 전공 적합성, 인성, 발전 가능성 등 상당히 많은 역량을 보여줄 수 있다. 이 정도 노력과 관심만 가져도 활동을 이끌 수 있다.

역전을 넘어 대학 레벨을 바꾸는 자율활동

개인의 특성을 드러냈다면 이제 자율활동은 당신의 활동으로 기재되어 있을 것이다. 그러나 이것에 만족하지 않아야 한다. 체대학종을 준비하면서 대학 레벨을 바꾸기 위해서는 한 단계 더 나아가야 한다. 최근 들어 선생님들과 학교도 단순히 활동에 참여한 내용을 기재하는 것만이 좋은 전략이 아님을 알고 아이들에게 교육이나 단체활동이 끝난 뒤 소감문, 보고서 등을 제출하도록 하는 학교가 많아지고 있다. 그래서 이수 여부를 넘어 학생들이 깨달은 점까지 생기부에 기재되는 추세이다. (자율활동이 상향 평준화되어 가고 있다.) 깨달음을 통해 나의 활동을 만들도록 학교가 도와준 것이다.

이제 우리는 자신의 특성을 넘어 더 다양한 역량을 보여주어야 한다. 깨달음을 통해 변한 자신을 시각적으로 보여줄 수 있는 심화 활동이 필요하다. 깨달음과 가치를 바탕으로 추가적인 탐구활동을 진행하거나 주변 사람에게 공유하는 등 '행동'으로 보여주어야 한다. 정확한 이해를 위해 예시를 살펴보자.

> 학교폭력예방교육 이후 학교폭력 피해자의 삶에 지대한 관심을 보임. 학교폭력 피해자의 삶을 깊이 있게 들여다보기 위해 도서《나의 가해자들에게》를 찾아 읽고 피해자들의 직접적인 경험들을 이해하고 공감하는 시간을 가짐. 이후 자신이 미래에 교사가 된다면 고통받는 학생들이 기댈 수 있는 교사가 되고 싶다는 포부를 보임. 또 학교폭력을 줄이기 위해 현재 자신이 할 수 있는 일을 찾으며 교내 '학교폭력 멈춰' 캠페인에 참여하는 등 적극적인 자세를 드러냄.

누 번째 예시의 학생과 같이 학교폭력예방교육을 이수했던 학생이다. 그러나 깨달음에서 멈춘 것이 아니라 더 나아가 그 깨달음을 시각적으로 보여주기 위해 심화활동인 독서로 넘어갔다. 또한 본인의 진로희망인 교사와 관련한 포부까지 보였다: 포부에서 끝나는 것이 아닌 학교폭력을 줄이기 위한 캠페인까지 참여해 자신이 깨달은 가치를 주변인들에게 공유하는 활동을 했다. 단체교육을 본인만의 특성이 드러나게 이끌었으며 실제 체육교육과를 지원했던 학생으로 전공 적합성, 학업 태도와 의지, 탐구 역량, 인성, 발전 가능성까지 많은 역량을 보여줄 수 있었다.

이것이 바로 만점짜리 자율활동이다. 다양한 역량은 변화된 행동에서 발견할 수 있다. 변화할 수 있는 학생이 아닌 변화'한' 학생이 되어보자.

'우리 학교는 좋은 프로그램이 없어서 자율활동이 좋지 않다'는 생각은 하지 말아야 한다. 학생부종합전형은 학교별 프로그램의 우수성을 판별하는 전형이 아니다. 학교의 활동을 통해 어떻게 나아갈 수 있을지를 생각하며 활동을 이끌어보자. 위 예시들은 만점 생기부의 핵심 요소인 '사실 중심', '구체적 작성' 두 가지가 모두 잘 드러나 있다.

만점 생기부를 위해 자율활동에서 내가 할 수 있는 역할을 찾아 선점하고 그 역할과 깨달음을 보고서와 행동 등을 통해 선생님께 어필하자. 적극적인 행동이 만점 생기부로 이끌어줄 것이다. 지금 내 생기부의 자율활동을 검토해보자.

만점 생기부를 위한
블루오션, 동아리

　과거 동아리활동은 명칭에 그칠 뿐 실상은 '자습' 시간이었다. 그러나 수시 개편, 특히 학생부종합전형이 탄생한 후 학생들의 동아리활동이 점차 제대로 이루어지게 되었을 뿐 아니라 참여도 또한 대폭 상승했다. 그러나 우리나라 고등학생들은 아직까지 동아리를 친목을 다지는 동호회로 여기고 있다. 참여도가 상승했지만 정말 참여만 하고 있다. 심지어 코로나19로 인해 학생들은 동아리에 '출석'만 하는 상황이었고 과거 자습 시간으로 전락한 동아리에서 더 퇴보한 실정이다.

　동아리는 학생의 관심과 활동의 폭을 넓힐 수 있다. 전공에 대한 관심뿐만 아니라 부원들과의 협업은 참여 태도, 협업 능력, 리더십 등 정말 다양한 역량을 보여줄 수 있다. 동아리는 나를 돋보이게 하는 중요한 요소이지만, 아무도 신경 쓰지 않는 블루오션이다. 이제 그 블루오션을 이용하는 방법을 알아보자.

동아리에서 나의 역할은?

상담에서 동아리활동에 대해 가장 첫 번째로 질문하는 것이 있다.

"동아리활동에서 너의 역할이 무엇이었니?"

대부분 답변을 못 하거나 '기장' 또는 '부기장'이었다고 답한다. 그 학생들에게 "기장 또는 부기장으로서 어떤 역할을 했니?"라고 물으면 대답하지 못한다. 기장이든 일반부원이든 모두 활동에 참여하기만 한 것이다. 교사가 주도해 진행하는 초등학교와 중학교 동아리와 달리 고등학교 동아리는 학생들의 주도적인 활동을 요구한다. 그러나 많은 학생들이 아직 중학교에 머물러 있다. 교사가 마련한 환경에 참여하기만 하는 것이다. 수동적인 참여는 자기주도성을 중시하는 학생부종합전형에서 좋은 평가를 받을 수 없다. 동아리활동의 질이 좋더라도 수동적으로 보이는 순간 '좋은 활동에 참여하기만 한 학생'으로 평가된다.

우리는 수동적인 활동을 능동적인 활동으로 바꿔야 한다. 그 과정에서 가장 핵심적인 요소는 바로 나의 '역할'이다. 모두 함께 참여하는 동아리활동에서 개별적 특성을 보여주는 것이다. 여기서 말하는 역할은 동아리 기장, 부기장 등의 명사형 역할이 아니다. 문장으로 표현된 능동적인 역할이다. 다음 예시를 통해 역할의 중요성을 알아보자.

(○○반) 동아리활동에서 동료들과 사이좋게 의견을 나누고 즐겁게 참여하며 능동적인 자세로 배드민턴 기능을 습득하기 위해 동아리활동에 열심히 참여함. 선생님의 지도에 대한 이해력이 뛰어나며 창의적이고 응용 능력이 뛰어나 한 번 지도한 내용을 곧바로 이해하며 자신의 신체 조건에 맞게 잘 적용하고 운동기능 및 동작을 잘 수행해냄.

위 내용은 자신의 역할을 찾지 않고 단순히 동아리에 참가하기만 한 대표적인 예시다. 자신의 구체적인 역할을 설정하지 않았기 때문에 단순히 동료들과 사이좋게 배드민턴을 치고 선생님의 지도에 잘 따른 학생으로밖에 보이지 않는다. '선생님의 지도를 잘 습득하는 역할이 될 수 있지 않을까요?'라고 생각할 수도 있겠지만, 그것은 능동적이 아니라 수동적인 역할이다. 선생님의 지도를 잘 따른 것과 동아리활동에 잘 참여한 성실성 정도만 보여줄 뿐이다.(그마저도 좋은 점수를 얻지는 못한다.) 안타깝지만 위와 비슷한 부류의 내용이 대다수 학생들의 동아리활동에 기재되어 있다. 조금만 더 고민해 '선생님의 지도를 잘 습득하며 부원들에게 눈높이에 맞춰 다시 코치해주는 역할'을 찾았어도 능동적인 행동을 보여주어 더 좋은 점수를 얻었을 것이다. 다음 예시를 살펴보자.

(○○○ 축구 동아리) 최전방 공격수의 역할을 맡아 몸을 사리지 않는 적

극성과 민첩성을 뽐내며 열성적으로 활동하다가 무릎 부상을 당함. 경기를 제대로 할 수 없음에도 불구하고 매시간 운동장에 나와 부원들을 격려하고 코치하는 등 축구에 대한 열망이 가득한 학생으로 교내 체육 한마당 및 학급대항전에서는 심판으로도 활약함. 부상과 재활에 대한 경험을 바탕으로 부원들에게 관련 지식과 예방법 등을 공유하며 항상 다치지 않도록 배려하는 모습을 보임.

위 내용은 본인의 역할을 잘 정립하고 활동한 좋은 예시다. 실제로 축구 동아리활동 도중 십자인대 파열로 인한 수술로 동아리 운동에 참석만 해야 했던 상황이었다. 이 학생이 역할을 찾지 않았다면 동아리활동 내용은 첫 문장으로 끝났을 것이다. 그러나 어려운 상황에서 본인이 할 수 있는 역할을 고민하고 '운동 외적인 부분에서 부원들에게 도움을 주는 역할'을 스스로 정립했다. 그 역할은 격려, 코치, 그리고 부상에 대한 지식과 예방법 공유라는 활동으로 이어졌다. 축구에 대한 내용만 들어갈 수 있었던 동아리활동에서 남들과는 다른 본인만의 특성을 보여주었다.

그 외에도 적극적으로 발표하는 역할, 팀원들의 의견에 적극적으로 피드백하는 역할, 항상 준비운동을 주도하는 역할 등 동아리에서 정말 다양한 역할이 있다. 자신이 할 수 있는 역할을 고민해보고 그 역할을 스스로 배정해보자. 그 역할은 활동의 명분이 되어 행동으로 바뀐다. 그리고 그 행동은 동아리활동에서 나만의 특성이 될 것이다.

운동 동아리만이 답이 아니다

　체대학종 준비생들이 가장 많이 가지고 있는 편견이 있다. 운동 동아리만이 전공 적합성을 어필할 수 있다는 것이다. 그래서 동아리를 통해 전공 적합성을 보여주어야 한다는 이유(혹은 핑계)로 운동 동아리만 고수한다. 심지어 개인적인 사유로 인해 운동 동아리에 들어가지 못한 학생들은 학종을 통한 체대 진학을 일찌감치 포기하기도 한다. 너무 안타깝다. 운동 동아리에서 학생들은 정말 '운동'만 한다. 그러나 코로나19는 그 운동조차 불가능하게 했고 학생들의 동아리활동 내용은 더욱 빈약해졌다.

　운동 동아리만이 전공 적합성을 보여주는 것이 아니다. 오히려 운동 동아리가 불리할 수도 있다. 단편적인 운동 능력 외에 학생의 역량을 보여주기 힘들기 때문이다. 그에 비해 탐구 동아리나 토론 동아리 등은 전공과 관련해 더 다양한 관심을 보여줄 수 있다. 다음 예시를 살펴보자.

　(스포츠 ○○○○) 스포츠 리터러시란 스포츠를 전반적으로 다양한 분야에서 이해하고 그 운동을 신체적으로 훌륭하게 수행할 수 있는 능력이라고 생각함. 스포츠와 접목되는 스마트 기기에 관심이 많으며 다양한 스마트 기기들이 스포츠의 발전과 개개인에게 맞춤형 운동 참여를 제안하는 효과적인 도구가 될 수 있다고 생각함. 또한 운동이 체력 증진뿐 아니라 집중력의 발달에 효과적이며 움직임과 두뇌활동의 밀접한 관계를

이해해 운동이 두뇌 발달에 효과적이라고 주장함. 본인이 엘리트 체육에 참여했던 경험을 바탕으로 스포츠에 대한 이야기를 들려주며 토론의 방향을 다채롭게 해주는 역할이 인상적임.

위 내용을 보더라도 학생이 운동한 내용이 나오지 않는다. 그러나 스포츠와 스마트 기기의 융합, 운동과 집중력 발달 등을 주제로 토론하며 스포츠에 대한 관심을 보여주었다. 실제로 운동과 집중력 발달에 대한 생리학적 지식, 스포츠와 IT의 융합 등은 대부분의 체육대학 교과과정에 포함되어 있으므로 위 학생은 단순히 체육에 대한 관심을 넘어 학문에 대한 관심까지 보여줄 수 있었다. 또한 토론에서 본인의 역할까지 언급하며 본인만의 특성을 보여주었다.

위의 경우 스포츠와 관련된 동아리라 운동 동아리와 거리가 멀지 않다고 생각하는 학생들을 위해 또 다른 예시를 준비했다.

(경제연구반) 경영경제 분야에 꾸준한 관심을 갖고 특히 이를 스포츠산업과 연계하고자 노력하는 의지가 돋보임. 4차 산업혁명으로 인해 스포츠는 크게 두 가지 측면에서 발전하고 있음. 빅데이터를 적용한 훈련 방식의 최적화는 최상의 선수를 양성하고 나아가 경기력을 향상한다고 밝힘. 또한 가상현실 기술이 스포츠에 융합되어 가상현실을 기반으로 한 스포츠 활동이 확장될 것으로 예측함. 시공간이나 신체 기능의 제약으로 스포츠를 즐기지 못한 사람들에게 스포츠 활동의 기회를 늘렸으며

이를 토대로 한 마케팅 활용 가능성을 시사함.

실제로 스포츠를 좋아했던 학생으로 운동 동아리에 들어갈 수 있었지만, 본인의 관심과 역량을 더욱 보여주기 위해 경제연구반을 선택했다. 학생의 전략은 성공했다. 체육에 대한 관심뿐만 아니라 운동 동아리에서 하기 힘든 스포츠마케팅에 대한 관심을 보여줄 수 있었다. 또한 4차 산업혁명과 융합해 미래 사회까지 예측하는 역량을 보여주어 동아리활동을 통해 좋은 점수를 얻을 수 있었다.

코로나19는 원래 소극적으로 참여하기만 했던 학생들에게 좋은 핑계가 되었다. 어쩔 수 없는 상황이라고 스스로 위로하며 동아리활동을 중요시하지 않았다. 우리는 이 상황을 이용해야 한다. 동아리활동은 모두가 중요시하지 않는 블루오션이다.

나를 돋보이게 하기 위해서는 스스로 할 수 있는 활동을 찾고 실행해야 한다. 자신의 역할에 대해 고민하고 나의 특성을 보여줄 수 있는 활동을 고민해보자. 그리고 운동 능력을 보여주는 것을 넘어서 다양한 학문적 관심을 보여주자. 그 고민은 만점 생기부로 향하는 동아리활동으로 이어질 것이다.

진로에 대한 고민과 확신을 솔직하게 드러내자

우리나라 고등학생들은 일단 성적부터 올리고 나서 자신의 진로를 찾겠다고 생각한다. 그래서 시험에 더 비중을 두고 공부에만 치중하다 보니 진로에 관한 활동은커녕 진로에 대해 생각할 시간조차 없다. 대다수 학생의 진로활동은 진로에 대한 고민과 관심이 아닌, 직업적성검사, 성격검사, 직업 프로그램 참여 등 학교 진로활동 체험 내용으로 이루어져 있다. 또한 코로나19로 인해 직업 프로그램에 대한 참여도 적어진 실정이다. 그러나 이러한 내용은 학생의 관심사와 진로에 대한 고민, 열정을 보여줄 수 없다.

진로활동은 학생의 관심사와 진로에 대한 생각을 가장 잘 보여줄 수 있는 항목이다. 나만의 특별한 진로활동을 만드는 방법을 알아보자.

진로 희망분야를 유추할 수 있도록 하라

진로활동이란 학생 개인이 자신의 특성, 소질과 적성, 능력 등을 이해하고 이를 통해 자신의 정체성을 확립함으로써 진로를 계획하고 준비하는 모든 활동을 말한다. 한마디로 진로와 관련된 모든 활동을 이 항목에 적을 수 있다. 그렇다면 이제 어떤 활동을 진행해야 하는지를 알아야 한다. 먼저 '대입제도 공정성 강화 방안'을 살펴보자.

2022학년도 대입부터 진로 희망분야가 대입에 미반영된다. 생기부에는 적히지만 대입 자료로 대학에 전송하지 않는 것이다. 그래서 우리는 진로 희망분야를 유추할 수 있도록 진로활동을 진행해야 한다. ('대입제도 공정성 강화 방안'은 2장에서 다시 확인해보자.)

진로활동을 통해 학생이 어떤 분야에 관심과 적성, 역량이 있는지를 보여주어야 한다. 학교에서 다양한 진로 관련 활동이 잘 마련되어 있다면 어떤 활동을 해야 하는지에 대한 고민은 적을 것이다. 그러나 앞서 언급했던 자율활동과 같이 활동에 참여하기만 하는 것이 아니라 나만의 깨달음을 통해 나의 활동으로 만들어야 한다. 다양한 진로 관련 강연이나 프로그램은 깨달음을 행동으로 보여주기 어려운 한계를 가지고 있으니 좀 더 나를 보여줄 수 있는 활동을 추천한다. 학교에서 다양한 활동을 지원하지 않는 경우에 학생들이 본인의 진로에 대한 관심과 열정을 보여주기 위한 세 가지 활동을 추천한다.

진로 탐구보고서, 신문 스크랩, 그리고 독서이다. 가장 쉬우면서 전공을 어필하기 좋은 활동이다. 특히 독서활동은 경험의 다양성, 전공에 대한 관심 등 많은 역량을 보여줄 수 있으며, 진로 탐구보고서는 내가 원하는 주제를 탐구하는 것이므로 진로에 대한 관심을 보여주기에 좋다. 다음 예시를 살펴보자.

> 평소에 축구와 피구를 하면서 잦은 무릎 부상으로 재활운동과 치료를 하면서 무릎을 이루고 있는 근육과 재활 방법에 대해 알고 싶어 심화 탐구함. 무릎 부상의 원인을 단지 과부하나 과도한 체중 운동이라고 생각했으나 탐구활동을 통해 축구나 피구, 탁구의 공통점을 찾아 무릎 부상의 원인을 찾음. 재활 관련 학과에 진학해 해부학을 통해 더 구체적인 근육조직과 운동처방론 같은 수업으로 각자에게 맞는 운동처방을 하는 자신의 모습을 그려봄.

실제로 운동처방과 재활 분야에 관심이 있었던 학생으로 무릎 탐구보고서를 작성했다. 본인의 경험을 계기로 관심 분야를 탐구하였고 마지막에 향후 계획까지 어필하며 진로에 대한 솔직한 관심을 보여주었다. 여기서 특이한 점은 특정 직업이 언급되지 않았다는 것이다. 특정 직업이 드러나지 않았지만, 학생의 관심사를 통해 운동 건강 전문가로 나아가고 싶다는 희망분야를 유추할 수 있다. 진로 희망분야를 유추할 수 있으며 재활, 건강에 대한 학생의 높은 관심을 보여줄 수 있는 만점짜리 진로활동이다.

《스포츠마케팅의 이해》(김수진 외)를 읽고 '브랜딩'이라는 스포츠마케팅 전략에 관심을 갖게 되어, 이를 심화 탐구하고자 마케팅 분야의 전문가와 함께하는 전문진로 프로그램 '창의적인 브랜드 마케팅'에 참가함. 브랜딩이 상품의 직접적 홍보가 아닌 상품의 이미지로서 홍보하는 방법임에 흥미를 느꼈으며, 차별성을 위해 독특한 글씨체나 색을 활용하는 등의 방법이 세심하면서도 창의적이라 느낌. 이러한 브랜딩 전략을 활용하는 기업을 알아보고자 세계적 스포츠 기업 두 곳의 브랜드 마케팅 전략을 조사해 정리함.

위 내용은 자신의 진로에 대한 관심을 독서를 통해 보여주며 다른 활동으로 나아간 대표적인 진로활동 사례이다. 자신의 진로와 관련된 책을 읽고 관심이 생겨서 진로 프로그램 참여까지 이어갔다. 또한 프로그램을 통해 깨달은 점은 브랜드 마케팅 전략 조사라는 행동으로 이어졌다. 각각의 활동이 아니라 여러 과정이 연결되어 나타났기 때문에 진로에 대한 고민과 확신을 더 잘 드러내며 학생만의 특별한 만점짜리 진로활동이 되었다.

고등학교는 꿈을 찾아나서는 시기이기 때문에 다양한 진로를 고민할 수밖에 없다. 그래서 3년간 일관된 진로를 가질 필요는 없다. (이 부분은 '5장'에서 자세히 설명하겠다.) 진로활동은 단순히 나의 진로희망 '직업'을 보여주는 공간이 아니다. 진로에 대한 관심과 고민을 나의 활동으로 보여주는 것이다.

주도적이고 진지한 태도로 진로를 탐색하는 과정을 보여주는 것이 무엇보다 중요하다. 그 과정을 나만 알고 있는 것이 아니라 진로 상담을 통해 담임교사와 공유해야 한다. 진로에 대한 고민을 끄집어내는 것이야말로 만점 진로활동 그리고 만점 생기부를 위한 첫 단계다.

봉사는 착함을
보여주는 것이 아니다

　'가장 적합한 봉사시간', '하면 좋을 봉사활동'은 학종을 준비하는 학생들이 끊임없이 고민하는 주제다. 그러던 중 코로나19로 인해 봉사활동이 불가능해졌고 적은 봉사시간에 대한 불안감이 높아졌다. 그러나 학생부종합전형에서는 어떤 봉사를 얼마나 했는지 평가하는 것이 아니라 활동 과정에서 어떤 역량을 보여주었는지를 평가한다.

　대학에서 봉사활동을 통해 어떤 역량을 파악하는지를 알아보면서 봉사활동의 개념을 다시 정립해보자.

봉사 ≠ 착함

대학에서 봉사활동을 통해 평가하려는 학생의 역량은 바로 '인성'이다. 봉사활동 실적에 기재된 시간과 활동 내용만으로는 학생의 인성을 파악하기 힘들다. 그렇다면 먼저 봉사활동을 통해 평가하고자 하는 인성은 무엇일까?

대다수 학생과 학부모들은 '봉사＝인성＝착함'이라는 공식을 세운다. 내가 도덕적으로 얼마나 올바르고 '착한' 학생인지를 보여주는 것에 집중한다. 그러나 봉사를 통해 평가하는 인성은 착함이 아니다. 단지 착하다가 아닌, 공동체 의식, 나눔과 배려, 협업 능력 등 사회적인 인성을 뜻한다. 그중 학생부종합전형에서 봉사활동을 통해 평가하는 가장 중요한 인성은 바로 '공동체 의식'이다.

공동체 의식은 나 혼자 잘사는 것이 아닌 우리 공동체의 발전과 목표를 추구하는 것이다. 간단히 말해 이 학생이 공동체 안에서 잘 적응할 수 있는가를 평가하는 것이다. 실제로 2022학년도부터 변경된 자기소개서 문항 2번 질문과 2022년 3월에 공개된 'NEW 학생부종합전형 공통 평가요소 및 평가항목'에서 인성과 발전 가능성 영역이 공동체 역량으로 통합되는 것을 보면 대학에서 공동체 의식을 중요시한다는 것을 알 수 있다.

> 2. 고등학교 재학 기간 중 타인과 공동체를 위해 노력한 경험과 이를 통해 배운 점을 기술해주시기 바랍니다. (띄어쓰기 포함 800자 이내)

자기소개서 2번 질문을 보면 어떤 봉사를 했는지가 아니라 타인과 공동체를 위해 어떤 노력을 했는지를 작성하라고 되어 있다. 대학에서도 단순히 봉사했다는 사실을 확인하려는 것이 아니다. 봉사활동에서 어떻게 타인과 공동체를 위해 노력했는지 구체적인 과정을 확인하고 싶은 것이다. 봉사활동 시간과 종류는 중요하지 않다. 공동체 의식을 잘 보여주어야 하는 것이 봉사이다. 봉사활동 실적만으로는 공동체 의식을 보여주기에 한계가 있다. 그 과정을 생기부 다른 영역에 드러내는 것이 중요하다.

이제 공동체 의식을 보여주는 방법에 대해 알아보자.

공동체 의식을 보여주는 활동하기

앞서 언급했듯이 봉사활동 실적 내용보다 과정이 중요하다. 봉사활동 특기사항을 기재할 수 있었던 과거와 달리 2022학년도부터 봉사활동 특기사항이 생기부 항목에서 빠졌다. 그래서 봉사활동을 통해 과정을 언급하며 공동체 의식을 보여주기 어렵다. 더욱이 2024학년도부터는 개인적인 봉사활동이 대입에 미반영된다. 학교 봉사활동만 반영되는 것이다. 그래서 우리는 봉사활동 실적에 있는 활동에 집중하는 것이 아니라 다른 항목과 활동에서 어떻게 공동체 의식을 보여줄지 초점을 맞춰야 한다.

여기서 봉사활동 시간을 받아야 봉사활동이 아니냐는 궁금증이 생길 수 있다. 그러나 계속해서 언급했듯이 가장 중요한 것은 바로 공동체 의식이다. 학교에서 진행된 어떠한 활동이라도 공동체 의식이 적용된다면 봉사활동이 되는 것이다. 봉사활동 실적에 기재되지는 않았지만 공동체 의식을 보여준 활동 사례를 알아보자.

> 자율활동 : 교내 또래 멘토링에서 평소 관심 과목인 영어 멘토로 활동함. 일반적 지도보다 함께 공부한다는 생각으로 자신의 공부 방법과 중요 수업 내용을 공유하며 서로의 부족한 점을 채워 효율성을 높였고 성적 향상을 이끎. 교내 국어 교과 반장으로서 필기를 깔끔하게 하는 장점을 살려 필기 내용을 공유해 학습을 돕고, 이로써 필기를 매일 정리하는 습관을 길러 모든 과목을 자신만의 학습법으로 체화함.

위 학생은 멘토링 활동을 통해 공동체 의식을 보여주었다. 혼자 공부해서 나만 잘되려고 했던 것이 아니라 학급 친구들이라는 공동체를 위해 멘토링 활동을 진행하고 자신의 공부법을 공유해 친구들과 함께 성장했다. 단순히 착함을 보여주는 것을 넘어 공동체의 발전을 위한 활동으로 봉사활동 실적에 기재되지는 않았지만 공동체 의식 역량에서 높은 평가를 받았다.

> 사회 과제 연구 : 체육 활동의 유무와 참여 동기, 자신의 건강에 대한 인식, 개선되어야 할 복지 프로그램에 대한 자료를 노인분들을 상대로 면접법을 통해 수집하고 노인들의 체육 참여 실태와 체육 참여도 증진을

위한 방안을 연구 시행함. 면담을 통해 노인 복지관 체육 프로그램의 다양성이 떨어짐을 인식함. 또한 체육 활동을 처음 접하는 노인들도 쉽게 참여할 수 있도록 하는 단계적 프로그램이 개설되어야 함을 주장함.

위 학생은 본인의 체육과 건강에 대한 관심을 노인들에게까지 넓혔다. 건강한 사회를 위해 젊은 사람들에게만 운동과 건강의 중요성을 알리는 것이 아니라 노인들에게도 건강을 전도해야 할 필요성을 느껴 실제로 노인들을 만나 인터뷰를 진행했다. 연령과 상관없이 모두 건강한 삶을 살아갈 권리가 있으며 노인복지 프로그램의 필요성과 부족을 해결해야 한다는 주장으로 공동체 의식을 명확히 보여주었다.

양적으로 시간을 받는 봉사활동보다 본인에게 의미 있는 활동, 즉 과정이 중요하다. 그 과정에서 '공동체 의식'이 드러나야 한다. 봉사 실적을 채우지 말라는 이야기가 아니다. 봉사활동과 학교활동에서 공동체 의식, 즉 공동체의 발전을 위해 어떻게 나아갈 수 있을지를 고민해보자. 구성원의 다양성을 서로 인정하고 인격적으로 존중하며 배려하는 관점에서 나의 활동을 다시 한 번 돌아보자. 만점 봉사활동은 공동체 의식에서 나온다는 것을 명심하자.

매력적인
세특 만들기

세부능력 및 특기사항(이하 세특)의 중요성에 대한 각종 글과 영상은 시도 때도 없이 올라온다. 특히 코로나19와 생기부 기재 사항 축소로 인해 많은 교사, 학원, 각종 매체에서도 내신과 세특이 특히 더 중요해졌다고 말한다. 많은 학생과 학부모들이 세특의 중요성을 알고 챙기기 시작했다.

그러나 세특은 원래 중요했다. 생기부 기재 사항 축소와 코로나19 상황은 그 중요성을 현실적으로 직시하게 된 계기가 되었을 뿐이다. 이제 세특이 중요한 본질적 이유를 먼저 알아보고 그에 따라 매력적인 세특을 만들 차례다.

세특이 중요한 본질적 이유

앞서 말했듯이 세특은 원래 중요했다. 그러나 왜 중요한지 본질적인 이유를 설명해주는 사람은 없었다. 세특이 중요한 이유는 당연히 대학에서 평가하는 항목에 있다. 창체활동(자율, 동아리, 진로 활동)으로는 학업 역량을 보여주기 힘들고, 행동특성 및 종합의견은 인성과 발전 가능성(공동체 역량)에 초점을 맞추기 때문에 다른 부분에서의 역량을 보여주기 힘들다.

이와 달리 세특은 다른 항목과는 다르게 학업 역량, 전공 적합성(진로 역량), 인성, 발전 가능성(공동체 역량)을 모두 보여줄 수 있는 유일한 생기부 항목이다. 그래서 본질적으로 중요할 수밖에 없는 것이다.

내가 계속 평가요소를 언급하고 강조하는 이유가 있다. 바로 평가요소를 알아야 점수를 얻을 방법을 찾을 수 있기 때문이다. 평가항목을 모르는 것은 시험 범위를 모르고 공부하는 것과 같다. 세특이 중요한 본질적 이유를 알았으니 평가요소를 모두 보여줄 수 있는 방법을 알아보자.

항상 더 나아가자

대학에서 세특을 통해 가장 비중 있게 보는 것은 '교과학습과 다양한 탐구활동에서 어떻게 더 넓고 깊이 공부하였는가'이다. 단순히 지식 습득과 탐구로 끝내면 좋은 점수를 받지 못한다. 항상 교과학습, 수행평가, 탐구활동 등을 이용해 어떻게 나아갈 수 있을지 생각해보자. 더 명확한 이해를 위해 다음 예시를 살펴보자.

> 영어 : 수업시간에 주어진 과제를 성실하게 수행함. 정해진 기간에 제시된 어휘 및 표현을 성실하게 학습해 문제의 답을 정확하게 작성함. 진로 탐색, 자신만의 패션 스타일 표현 방법, 환경보호의 중요성 및 실천 방안, 여행 등을 소재로 한 글을 읽고 세부 내용을 파악한 후 그와 관련된 사항들에 대해 말해봄. 현재분사와 과거분사의 차이, 수동태, 여러 종류의 접속사 의미, 비교급 등의 어법을 학습함. 환경보호의 중요성을 일깨우는 영어 동영상을 감상하고 내용을 이해하려고 노력함.

위 내용은 학습으로만 마무리되고 단순히 지식 습득에만 머무른 안 좋은 예시다. 자기주도적으로 학습에 참여한 내용이 잘 나타나지 않으며 단순히 수업시간에 읽은 지문에 대한 활동과 영어 동영상을 감상하며 수동적으로 참여한 것으로 보인다. 넓고 깊게 공부한 것이 아닌 얕게 학습에 참여하는 것에 그쳐 학업 태도에서만 점수를 얻을 수 있다.(그마저도 좋은 점수는 받지 못한다.) 이와 반대로 넓고 깊게 공부한 예시를 살펴보자.

> 통합과학 : 위 학생은 수업 내용에 관심을 갖고 이해하지 못한 부분은

질문을 통해 완벽히 이해함. 특히 역학적 에너지에 호기심을 느끼며 본인 스스로 탐독해 기록하는 모습을 보임. 평소 스포츠 분야에 관심이 많아 스포츠와 과학을 접목해 과학 포트폴리오 수행평가를 작성해 제출함. 보고서를 작성하던 중 모든 스포츠는 유체와 관련되어 있다는 것을 깨닫고 유체에 관련된 역학적 개념들을 조사함. 공을 휘게 하는 힘인 마그누스 힘, 유체에서 물체가 운동할 때 성립하는 베르누이 법칙, 진자운동을 이용한 스포츠 등을 인터넷 자료와 전문 서적을 통해 조사하였으며 심화한 내용까지 학습하는 모습을 보임.

위는 학습 내용을 넘어 계속 탐구하는 학생이라는 특성이 잘 나타난 예시다. 수행평가에서 자신의 관심사를 주제로 포트폴리오를 작성하는 것을 넘어 그 과정에서 생긴 호기심을 스스로 탐구했다. 학습한 내용으로 끝났거나 수행평가를 작성한 것에서 끝났다면 학생의 특성을 보여주기 힘들었을 것이다. 그러나 배운 개념에 대한 궁금증을 해결하기 위해 스스로 탐구하였고 그 과정에서 생긴 호기심을 통해 또 다른 탐구로 넘어갔다. 넓고 깊게 적극적으로 학습하는 태도뿐만 아니라 탐구력, 발전 가능성 그리고 전공 적합성까지 보여준 좋은 예시다.

학과 교과과정을 이용해 체육과 융합하자

체대학종을 준비하는 학생들은 세특에서 체육과의 융합이 중요하다는 것을 알고 있다. 그러나 억지로 융합하거나 전공에 대한 관심이 아닌 희망 진로 혹은 단지 학과에 대한 관심만을 보여주기도 한다. 이러한 문제점들을 극복하기 위해 먼저 세특에서 체육과의 융합이 중요한 이유에 대해 알아보자.

가장 큰 이유는 체육이라는 학문의 특성 때문이다. 체육은 융합 학문이다. 운동과 생리학의 융합 학문인 운동생리학, 스포츠와 마케팅의 융합 학문인 스포츠마케팅 등 체육은 대부분 독자적으로 쓰이지 않고 거의 다른 학문과 융합된다. 그래서 학문에 대한 관심을 보이려면 다양한 과목과 체육을 융합하는 것이 필요하다.

두 번째 이유는 2022년 3월에 발표한 'NEW 학생부종합전형 공통 평가요소 및 평가항목'에 있다. 기존의 전공 적합성에서 진로 역량으로 평가요소를 변경했다. 변경된 주요 내용은 다음과 같다. "학교에서 전공에만 초점을 맞추는 것이 아니라 다양한 활동을 하도록 명칭을 바꾸었으며, 학교 교육에서 자신의 관심 분야나 흥미와 관련된 다양한 활동에 참여해 노력한 경험이 있는가를 평가한다"고 기재되어 있다. 여기서 체육대학 진학을 목표로 하는 우리의 관심 분야와 흥미는 바로 체육이기 때문에 다양한 과목과 체육을 융합하고 세특에 기재해 체육에 대한 관심을 보여줘야 한다는 것이다.

체육 융합의 중요성을 알았다면 이제 전공에 대한 관심을 가져야 한다. 사실 고등학생으로서 전공에 대해 깊은 이해를 하기는 어렵다. 이때 전공에 대해 알아보는 가장 효과적인 팁은 바로 학과의 교과과정을 살펴보는 것이다.

학과의 교과과정은 전공과 관련된 커리큘럼으로 이루어져 있다. 그래서 교과과정과 연관된 활동을 한다면, 입학사정관들은 이 학생이 우리 학과에 관심 있다는 것을 알고 전공 적합성에서 더 좋은 점수를 준다. 또한 교과과정을 살펴보면 내가 생각지도 못했던 전공과 관련된 활동 아이디어가 많이 나오는 경우가 많다. 성균관대학교 스포츠과학과의 교과과정을 살펴보자.

> 스포츠빅데이터분석 / 운동생리학 / 스포츠영양학연구 / 스포츠사회학 / 스포츠경영학 / 수영 / 스포츠법학 / 운동역학 / 스포츠재무관리 / 운동과비만관리 / 운동처방론 / 스포츠의학 / 스포츠마케팅 / 스포츠기록분석학 / 골프 / 스포츠통계학 / 건강교육 / 스포츠소비자경험 / 스포츠창업과기업가정신 / 농구 / Fitness트레이닝 / 인체병리생리학 ……
>
> – 성균관대학교 스포츠과학대학 홈페이지 참고

교과과정을 살펴보면 체육과 다양한 과목을 어떻게 융합할지 보일 것이다. 사회 과목에서는 스포츠사회학 관련 활동, 경제 과목에서는 스포츠경영학, 재무관리, 수학 과목에서는 스포츠기록분석학, 통계학 등을 적용할 수 있다. 이렇듯 먼저 교과과정을 알아야 내가 할 수 있는 활동을 찾고 진공 적합성도 더 보여줄 수 있다.

학과 교과과정에 대한 관심은 곧 전공에 대한 관심이다. 단순히 진로 희망분야에 대한 관심만 보인다고 해서 전공에 관심 있다고 생각하지 않는다. 대학은 희망하는 진로로 갈 수 있는 학문을 배우는 곳이기에 학과 교과과정에 대한 관심과 역량을 보여줄 수 있는 활동이 전공 적합성을 보여주는 활동이다. 다양한 예시를 살펴보면서 전공 적합성을 이해해보자.

영어 독해와 작문 : 이지성의 《에이트》를 읽고 영어 독후감을 작성함. 4차 산업혁명 시대를 살아가면서 AI에게 대체되는 인간의 삶을 자세히 설명해주고 어떤 대처를 해야 하는지 알게 됨. 코로나19가 지속되면서 사람들이 건강을 중요시하고 건강을 체계적으로 관리해주는 사람들을 필요로 한다는 것을 알게 되어 스포츠건강관리사, 운동처방치료사, 물리치료사들이 주목받는 점을 고려해 AI가 스포츠 영역을 대체하기까지는 오랜 시간이 걸릴 것으로 생각하고 스포츠와 인간 고유의 능력을 결합할 방법을 연구할 필요가 있다고 생각함.

위 내용은 영어 시간에 읽었던 독서활동에서 깨달은 점을 스포츠와 연관시킨 예시다. AI와 스포츠에 대한 자신의 의견을 어필했다. 이 내용은 스포츠사회학 혹은 스포츠산업 등과 관련해 전공에 대한 관심을 잘 보여줄 수 있다.

영어 : 논리적 글쓰기 활동에서 운동 전 연쇄적인 영향에 대한 주제로

운동 전 음식 섭취와 연쇄 작용의 영향이 우리 몸에 끼치는 영향 그리고 준비운동의 중요성에 대해 강조하는 글을 작성하는 등 독자에게 유익한 정보를 전달함.

위 내용은 영어 시간 활동에서 해당 주제를 운동 및 신체와 융합한 예시다. 활동 동기와 내용을 조금 더 작성했으면 하는 아쉬움이 있지만, 스포츠영양학과 관련된 내용이므로 전공에 대한 관심을 보여줄 수 있다.

수학Ⅰ : 평소 스포츠에 관심이 많아 스포츠 분야에서는 삼각함수가 어떻게 사용되는지에 대해 조사하고 승률 예측 방법인 '피타고리안 승률'에 대해 탐구하고 보고서를 작성함. 피타고리안 승률을 탐구하며 공식을 활용해 예측한 승률과 실제 승률을 비교하고, 그 부분에서 실제 승률이 피타고리안 승률보다 높을 수 있는 결정적인 이유는 '득점과 실점의 분포'라는 것을 알게 됨. 득점은 분포가 모여 있을수록, 실점은 퍼져 있을수록 실제 승률이 피타고리안 승률보다 높아질 수 있다는 사실을 알게 됨. 총득점과 총실점이 같은 팀과 득실의 차이가 크게 나는 팀으로 나누어 실제 승률과 피타고리안 승률의 차이를 비교해 발표함.

위 내용은 수학과 스포츠를 융합한 예시다. 스포츠와 삼각함수를 융합해 승률에 대해 탐구했던 사례로 스포츠통계학, 스포츠기록분석학과도 관련된 활동이기에 학과에 대한 학생의 관심을 확실히 보여주었다. 특히 스스로 보고서를 작성하며 알아낸 지식을 발표를 통해 주변 사람에게 공유한 좋은 사례로 전공 적합성 외에 자기주도성, 탐구 능력, 학업 태도 등 더 다양한 역량을 보여줄 수 있다.

앞의 예시들 모두 단순히 진로 희망분야나 학과를 언급하며 전공에 대한 관심을 보인 것이 아닌 학과 교과과정과 연관된 주제를 학생 스스로 찾고 진행했던 활동들이다. 교과과정을 알고 활동을 계획하기만 해도 벌써 만점 생기부에 다가가고 있는 것이다.

체육 세특을 이용하자

학생들이 많이 신경 쓰지 않고 간과하는 부분이다. 실제로 상담을 통해 살펴본 많은 학생들의 생기부에서 체육 세특이 일반적이었고, 아예 기재되지 않은 경우도 많았다. 체육도 다른 과목과 동일하게 세특을 보여줄 수 있는 한 과목이다. 체육대학 진학을 원하는 학생들이 체육에 대한 관심을 보여주지 않는 것은 학생부종합전형으로 좋은 결과를 기대하지만 교내활동을 하지 않는 것과 같다.

체육 세특을 통해 다양한 역량을 보여줄 수 있다. 체육수업 중에 경험한 스토리를 통해 인성뿐 아니라 운동 능력을 보여주고 체육 관련 탐구활동을 통해 탐구 역량을 보여줄 수도 있다. 세 가지 어필할 수 있는 예시를 살펴보자.

체육 : 모든 수업 활동을 적극적으로 참여해 체육부장으로서 모범을 보임. 항상 밝은 모습으로 학급 분위기를 긍정적인 방향으로 조성하는 데 힘씀. 이동 수업 간 학급 인원을 체육관으로 직접 인솔하고 인원 체크 및 정렬한 뒤 환자를 파악해 수업 진행이 원활할 수 있도록 교사를 도움. 또한 체육 수행과제에 항상 최선을 다하는 모습을 보임. 배드민턴 수업 중 스윙에 어려움이 있는 친구들을 찾아가 자신의 경험을 토대로 과학적 원리를 알려주며 봉사하는 또래 교사 역할을 하는 모습을 보임.

먼저 인성 부분을 보여주는 체육 세특 내용이다. 체육부장으로서 수업 진행을 위해 학생들을 인솔하고 배드민턴 수업 중 또래 교사 역할을 했다. 이 내용을 통해 리더십, 공동체 역량 등을 보여줄 수 있다. 또한 여기서 중요한 점은 단순히 수업에 적극적으로 참여하고 학급 분위기를 긍정적으로 조성한다는 교사의 의견(평가)만 기재되어 있는 것이 아니라 구체적인 스토리를 통해 입학사정관이 판단할 수 있도록 사실적인 내용(사실)이 기재되어 있다는 것이다. 앞서 언급했던 만점 생기부를 위한 핵심 요소 중 '사실'이 중점이 되어야 한다는 점을 다시 한 번 강조한다.

운동과 건강 : 수업시간 중 50m 달리기와 좌전굴, 10m 왕복 달리기, 윗몸 말아 올리기 등의 종목을 수행하기 위한 종목별 운동에서도 누구보다 열심히 노력한 결과, 수행평가에서 고등학교 여학생의 PAPS 기준 최고 기록보다 더 많은 점수를 획득해 가 종목에서 모두 만점을 기록함. 특

히 순발력, 유연성, 민첩성 등 전반적인 운동 능력이 매우 뛰어남.

학생의 운동 능력을 보여준 체육 세특이다. 체육대학의 입학사정관들은 비실기 전형인 학종에서 교내 실기 수업에 잘 적응할 수 있을지를 항상 고민한다. 체육 세특에서 본인의 운동 능력을 어필한 내용이 있다면 위와 같은 입학사정관들의 고민을 해결하며 가산점을 받을 수 있다.

심폐지구력 수행과제인 오래달리기-걷기를 실시할 때 마라톤 선수의 신체적 능력에 대해 궁금증을 가지게 되었으며 스포츠 심장에 대해 탐구함. 장기간의 트레이닝을 통한 심폐지구력이 우수한 선수들은 스포츠 심장이 되는데 이는 일반인보다 좌심실 외벽이 두껍고 용적이 크기 때문에 프랭크 스탈링 법칙에 따라 심박출량이 증가한다는 것을 연구함. 이러한 궁금증을 연구하며 보고서로 제출하고 발표를 통해 많은 친구가 체육에 관심을 가지도록 지식을 제공함.

마지막은 체육 세특을 통해 체육에 관한 탐구활동을 진행한 사례이다. 실제로 체육은 학생부종합전형에서 아무런 제약 없이 체육 관련 탐구를 진행할 수 있는 유일한 과목이다. 위 학생은 오래달리기 수행평가에서 호기심이 발동해 스포츠 심장에 관한 탐구를 진행했다. 탐구 결과를 제시하고 보고서까지 제출하며 학생의 탐구 역량, 자기주도성, 발전 가능성 등을 넘어 전공 적합성까지 보여주었다.

세부능력 및 특기사항은 코로나19 이전과 이후 생기부의 질을 가르는 가장 중요한 요소였다. 세특은 학종에서 평가하는 네 가지 항목을 모두 보여줄 수 있는 영역이다. 다시 한 번 자신의 세특을 살펴보고 어떤 활동을 할 수 있을지 생각하자. 교과수업과 수행평가에서 끝나면 안 된다. 항상 생각하고 더 나아가야 한다. 그 과정에서 '교과과정 살펴보기', '체육 세특 이용하기'는 만점 세특으로 향하는 핵심 요소이다. 만점 세특은 곧 만점 생기부로 이어질 것이다.

만점 생기부를 위한
가장 쉬운 수단, 독서

우리나라 청소년 중 독서를 좋아하는 학생은 손꼽을 정도로 적다. 학생들은 '학업에 집중하느라 시간이 없다', '굳이 독서의 필요성을 느끼지 못한다'는 등 다양한 이유로 독서를 기피한다. 이에 더해 '대입제도 공정성 강화 방안' 발표에서 독서가 미반영된다는 사실은 학생들의 독서 기피에 명분을 달아주었다. 그러나 독서가 없어진 것이 아니다.

독서는 여전히 매우 중요하다. 독서는 넓고 깊게 학습했음을 보여주어야 하는 학생부종합전형에서 좋은 점수를 가져갈 수 있는 가장 쉽고 유용한 수단이며 좋은 점수를 가져갈 수 있는 핵심 요소이다. 독서 미반영에 대한 팩트를 살펴보고 독서를 이용하는 방법을 알아보자.

'독서 미반영'이란 팩트체크

'대입제도 공정성 강화 방안'이 발표된 후 비교과활동이 대폭 축
소되었다. 특히 독서활동 미반영은 매우 큰 파장을 불러왔다. 그
이면을 파악하지 못하고 '독서가 미반영된다'는 것만으로 학생과
학부모들에게 독서가 불필요하다는 오해를 불러왔다. 이때다 싶
은 학생들이 많았다. 원래 소홀히 했던 독서인데 명분까지 생겼으
니 더 자신 있게 독서를 멀리했다. 심지어 독서를 기피했다. 그러
나 과연 대학에서 학생의 독서를 보지 않을까? 전혀 아니다.

대학도 청소년 시기 독서의 중요성을 알고 독서를 유의미하게
본다. 그래서 먼저 독서활동 중 어느 부분이 미반영되는지를 살펴
보아야 한다. 바로 생기부 항목 중 도서 제목과 저자명만 기재하는
'독서활동 상황'이다.

* 독서활동 상황 생활기록부 기재 양식 *

학년	과목 또는 영역	독서활동 상황
1		
2		
3		

'과연 대학이 서류를 평가할 때 독서활동 상황을 비중 있게 반영
할까?'라는 논쟁은 계속 있어왔다. 나도 상담을 진행하면서 도서
제목과 저자명만으로는 학생의 역량을 파악하기 어려우니 이 부

분에 너무 집중하지 말라고 했다. 그러나 독서활동 상황을 잘못 파악한 학생들은 독서 리스트에 도서명만 가득 채웠다. 실제로 코로나19 상황에서 책을 많이 읽고 독서활동 상황에 거의 100권이 넘는 책을 적은 경우도 보았다. 그러면서 '대입제도 공정성 강화 방안'은 대학에서도 독서활동 상황을 비중 있게 보지 않았다는 것을 확신하는 계기가 되었다. 그러나 비중이 적다는 것은 독서활동 상황이지 독서 그 자체가 아니다.

독서는 앞서 말했듯이 넓고 깊게 학습하려는 의지를 가장 잘 보여주는 요소로 여전히 중요하다. 그렇다면 이제 독서를 어디에서 보여줄 수 있을지에 대한 의문이 생길 것이다. 그에 대한 답은 바로 창체활동(자율, 진로, 동아리)과 세특이다. 학생의 지적 호기심과 탐구 과정에서의 지식 습득을 위한 독서는 생기부에 당연히 쓰일 수 있다. 실제로 대학에서도 단순히 책만 읽고 끝내는 것(독서활동 상황에 기재만 하는 도서)이 아닌 목적과 동기를 가진 독서를 더 유의미하게 본다.

독서와 함께하는 창체활동&세특

'창의적 체험활동'과 '세부능력 및 특기사항'에서 독서를 융합하는 것이 가능하고 중요하다는 것을 알았다. 이제 독서를 본인의 지적 호기심과 탐구 과정에서 어떻게 활용할지를 알아볼 차례다.

독서활동 상황과 다른 항목(창체, 세특)에서 독서의 융합은 확실히 달라야 한다. 단순히 도서만 언급하는 것은 독서활동 상황과 다를 바 없다. 다른 항목(창체활동, 세특)과 융합하면서 독서하게 된 계기와 독서 후에 깨달은 점 또는 변화된 모습을 보여주는 것이 독서를 가장 잘 활용하는 방법이다. 다음 예시를 살펴보자.

> 화법과 작문 : 운동과 신체에 대한 관심이 높아 '리벳의 자유 의지 실험'에 관한 글을 읽고, 인간이 행동 이전 결정 상태에 대한 뇌신호가 먼저 나타난다는 결론을 통해 뇌가 행동에 미치는 영향에 대해 생각해봄. 리벳의 실험과는 반대로 인간의 운동(행동)이 뇌에 영향을 끼치는 사례를 조사하는 과정에서 《체육관으로 간 뇌과학자》라는 책을 통해 현대인에게 자주 나타나는 번아웃 현상을 극복하고 행복해지기 위한 운동에 대해 감명받는 모습을 보임. 뇌 전체를 균형 있게 사용하는 것이 중요하다는 것을 읽고 운동과 뇌 가소성의 관계를 이해하고, 운동을 통해 뇌를 활성화하는 것이 신체를 건강하게 하고 뇌의 집중력도 높여준다는 결론을 도출해냄.

위 내용은 세특과 독서를 융합한 사례로 화법과 작문 시간에 학습한 글에서 생긴 지적 호기심을 책을 통해 해결했다. 뇌가 행동에 끼치는 영향에 대한 지문을 읽은 뒤, 그렇다면 행동이 뇌에 끼치는 영향이 있지 않을까 하는 호기심을 가지고 운동과 융합해 생각했다. 운동과 뇌와 관련된 책을 통해 호기심을 해결했고 운동의 중요성을 언급하기도 했다. 독서를 하게 된 계기가 명확히 드러날 뿐 아니라 책을 통해 얻은 결론까지 나타난 만점짜리 독서 융합활동 이다. 두 번째 예시를 살펴보자.

> 희망 진로인 체육교육 분야에 대한 관심을 바탕으로《체육교사, 수업을 말하다》라는 책을 읽고 학교 안에서 체육수업이 지니는 의미를 떠올려 봄. 어떤 학생에게는 치열한 내신 경쟁에서 벗어날 수 있어 기다려지는 시간이지만 운동을 즐기지 않는 학생들에게는 시간 낭비에 불과한 체육 수업이 모두에게 유익하고 더욱 적극적인 참여를 끌어내기 위해 본인이 교사가 되었을 때는 격려와 칭찬을 바탕으로 선의의 경쟁을 통해 시너 지 효과를 내는 수업을 하겠다고 다짐함.

위 내용은 진로활동과 독서를 융합한 좋은 사례이다. 지적 호기 심, 탐구를 위한 독서는 아니지만, 본인의 희망 진로에 대해 더 잘 알기 위해 독서한 경우로 학생들이 독서를 융합하는 가장 쉽고 유 용한 방법이다. 그러나 이 학생이 단지 '체육교육 분야에 대한 관 심을 바탕으로 이 책을 읽었다'라고 끝냈으면 좋은 점수를 받지 못 했을 것이다. 책을 읽고 난 뒤 본인의 솔직한 깨달음과 포부까지 언급한 결과 본인만의 특별한 독서활동으로 기재되었다.

독서가 정신에 미치는 효과는 운동이 신체에 미치는 효과와 같 다고 한다. 우리가 처음 운동을 시작할 때와 같이 독서도 첫 시작 이 어렵다. 그러나 너무 어렵게 생각하지는 말자. 독서를 처음부터 좋아할 필요는 없지만 독서를 이용할 필요는 있다. 지적 호기심 해결과 다양한 지식 습득을 위해 독서를 이용하자. 그러면서 점점 독서에 매력을 느끼고 더욱 많은 활동에서 책을 찾게 될 것이다.

독서는 만점 생기부로 향하는 가장 쉬운 수단이다. 독서 미반영이라는 오해를 깨고 남들보다 먼저 독서를 선점하자. 만점 생기부는 자연스럽게 따라올 것이다.

의도적인 행특
만들기

　행동특성 및 종합의견(이하 행특)은 담임교사가 1년 동안 관찰한 학생의 행동, 태도 등을 종합적으로 언급하며 1년간의 총평을 작성하는 영역이다. 행특은 온전히 담임교사의 영역이기 때문에 다른 항목과는 달리 수정 첨삭을 거의 허용하지 않으며 보여주지 않는 경우도 많다. 그래서 학생들은 어차피 관여하기 힘드니 창체, 세특에는 집중하고 행특에는 별다른 노력을 하지 않는다.

　2022학년도부터 교사 추천서가 폐지되었다. 이제 대학은 교사 추천서를 통해 확인했던 학생의 모습을 행특을 통해 확인하게 되었다. 행특이 이전보다 중요하게 된 것이다. 우리는 이 중요한 행특을 간과하지 말고 우리의 노력, 즉 의도적인 방법을 통해 좋은 행특으로 만들어야 한다. 이제 그 방법을 알아보자.

사실을 바탕으로 한 행특

행특에서 가장 중점적으로 작성되는 역량은 무엇일까? 바로 인성이다. 담임교사가 학급 내에서 관찰했던 학생의 인성적 영역에 초점을 맞춰서 기재한다. 그리고 행동특성 및 종합의견은 말 그대로 의견이기 때문에 학생에 대한 교사의 평가 위주로 작성된다. 그래서 인성적인 부분에서 모범적이다, 밝다, 긍정적이다, 성실하다, 배려심이 많다 등 좋은 평가가 많다. 유일하게 평가 중심의 항목이지만 만점 생기부를 위한 핵심 요소에서 언급한 것과 같이 사실적인 부분, 즉 구체적인 사례까지 함께 기재해야 더 신빙성 있는 인성적 역량을 보여줄 수 있다. 아쉬웠던 행특 예시와 좋은 행특 예시를 비교해보며 이해해보자.

항상 밝은 모습으로 학교생활을 하는 학생으로 특유의 유쾌한 분위기와 서글서글한 성격 덕에 주변에 친구가 많고, 인기가 좋은 학생임. 긍정적인 에너지를 가지고 있는 학생으로 기대한 결과가 나오지 않아도 쉽게 좌절하거나 포기하지 않고, 다시 노력해 발전하는 모습이 인상 깊음. 붙임성이 좋아 교사에게 친근히 잘 다가오며 늘 먼저 공손히 인사를 하는 예의 바른 학생임. 다양한 학교활동에 적극적으로 참여하고, 지각을 하지 않는 등 성실하고 모범적인 학교생활을 함. 또한 도움이 필요해 부탁할 때면 불평, 불만 한 번 하지 않고 도움을 주는 배려심 깊고 믿음직스러운 학생임. 늘 자신을 성찰해 성장하고자 노력하는 학생으로 이러한 태도가 바탕이 되어 앞으로 더욱 발전할 수 있을 것이라 기대함.

단순히 쭉 읽어나간다면 좋은 학생이라는 것은 알 수 있다. 그러나 자세히 살펴보면 '쉽게 좌절하거나 포기하지 않고, 다시 노력해 발전하는 모습이 인상 깊음', '다양한 학교활동에 적극적으로 참여', '늘 자신을 성찰해 성장하고자 노력하는 학생' 등 그 구체적 사례가 드러나지 않는 부분이 많다. (단, 성격에 대한 부분은 구체적 사례가 드러나기 어렵다.) 전반적으로 긍정적 인성을 보여주어 좋은 학생임을 알 수는 있지만 구체적 사실이 부족해 객관적으로 파악하기는 힘들다. 조금은 아쉬운 행특이다.

건전한 마음에 건강한 몸이라는 문구가 생각나는 학생으로 올바른 가치관을 가지고 있어 옳고 그름이 명확함. 1학기 체육부장을 역임하며, 체육에 더욱 관심과 애착을 갖게 되었고 체육수업 준비 및 출석부 관리를 빈틈없이 성실히 완수함. 2학기 학급 부회장 역할을 하면서 매일 아침 발열 체크를 도왔으며 이동 수업 시간에 교실 문 확인, 교실 불 끄기 등의 일을 하는 수고스러움을 보임. 교복 입기, 시간 준수, 핸드폰 관련 규정 등 기본 교칙을 매우 잘 준수해 모범을 보임. 정해진 청소 외에 수능 시험장 준비와 같이 특별한 경우에 청소하는 학급 자원 청소팀에 부회장임에도 불구하고 스스로 참여해 활동할 정도로 자신이 속한 학급, 구성원을 돕고자 노력함.

위 내용은 아쉬웠던 사례와 같이 인성에서 긍정적인 부분을 강조한 행특이다. 그러나 교사의 의견 앞에 체육 수업 준비, 출석부 관리, 발열 체크, 교실 문 확인, 특별 청소와 같은 구체적인 사례를 덧붙였다. 객관적인 사실을 바탕으로 학생을 평가했기 때문에 더 신빙성 있고 진정성도 보여진다. 특별한 활동 사례가 없어 언급하기 힘들다는 학생들이 있지만 구체적인 사례는 특별한 행동일 필요가 없다. 청소, 아침 조회 등 간단한 활동도 구체적인 사례가 될 수 있다.

대학이 좋아하는 행특 만들기 3가지 방법

이제 무엇이 좋은 행특인지 알았으니 의도적으로 좋은 행특을 만들 차례다. 내가 적극 추천하는 의도적인 행특 만들기 활동 몇 가지를 소개하겠다.

인사

인사는 인간관계의 시작이며 소통을 위한 가장 기본적인 활동이다. 항상 밝은 얼굴로 인사하는 학생을 싫어할 교사가 있을까? 이 세상에 그런 교사는 없을 것이다. 먼저 인사를 해서 좋은 인상을 주고 시작하자. 그러면 선생님이 나를 더 관심 있게 보고 활동을 더 잘 기억할 수 있다. 항상 먼저 인사하는 습관을 기르자.

학급에서 역할 맡기

행특에서 남들과는 조금 다른 특별한 사례를 언급하고 싶은 학생들에게 학급 내 역할 맡기를 적극 추천한다. 구체적인 사례를 보여줄 수 있는 가장 좋은 활동이다. 체육부장, 반장, 부반장뿐 아니라 학급 내에서 진행하는 다양한 부서 활동에서도 역할을 찾아본다. 역할이 배정된다면 그것을 하기 위한 활동을 하게 되고 담임교사가 진행하는 학급활동에서 확실히 보여줄 수 있다. 중요한 것은 학급 내에서의 역할이다. 전교 회장, 부회장, 동아리장 등의 역할도 물론 좋지만, 담임교사가 작성하는 행특의 특성상 더 구체적인 사례를 언급할 수 있는 것은 학급 내에서의 역할이다. 학급 내에서 할 수 있는 역할을 찾아서 수행해보자.

소통(상담)

꾸준한 소통은 학생과 교사의 관계를 진전시키는 좋은 방법이다. 소통은 나라는 존재를 교사에게 각인시킨다. 내가 추천하는 가장 좋은 소통 방법은 바로 상담이다. 먼저 선생님께 다가가 상담을 요청하고 현재 가지고 있는 고민과 생각을 교사와 소통해보자.(입시 상담은 잠시 거리를 두자.) 공감과 해결책을 줄 뿐 아니라 나라는 학생을 더 알게 되고 나의 행동을 더욱 유심히 보게 된다. 행특은 관찰의 영역이다. 나에 대한 교사의 관심이 바탕이 되어야 한다. 그 관심은 소통에서 나온다는 것을 명심하자.

행특은 합격과 불합격을 가를 만큼 큰 변별력이 있다고 생각하지는 않는다. 그러나 제3자가 1년 동안 한 학생을 관찰한 내용을 담은 행특은 학생에 대한 전반적인 특징을 알아보기에 좋은 참고 자료임은 분명하다. 온전히 담임교사의 영역이라고 지나치지 말자. 인사, 역할 맡기, 소통을 통해 나에게 관심을 줄 수밖에 없는 상황을 만들고 나의 의도대로 행특을 만들어보자. 만점 학생임을 보여주고 만점 생기부로 나아가자.

EXAM

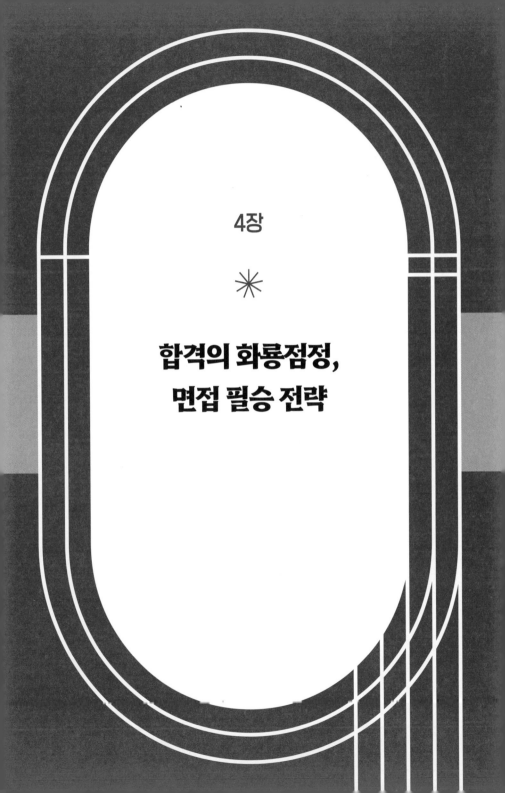

4장

*

합격의 화룡점정,
면접 필승 전략

초반 5초에
결정되는 마법

기업 마케팅에서 중요한 요소는 여러 가지 있다. 운영하는 홈페이지도 필요하고, 회사 소개서도 필요하다. 하지만 여러 요소 중에 가장 중요한 것이 바로 '광고 영상(Video Advertisement)'이다. 흔히 TV나 핸드폰에서 짧게는 5초에서 길게는 30초 정도 이어지는 광고 영상을 볼 수 있다. 그 짧은 시간에 회사 또는 회사의 제품을 소개하기 위해 다양한 방식을 활용한다. 연예인을 채용하거나 화려한 이펙트(Effect)를 통해 소비자를 자극한다. 광고 영상은 찰나의 시간에 소비자의 시선을 잡아끌어야 한다. 그렇지 않으면 곧바로 채널을 돌려버리기 때문이다.

면접 전체가 좌우되는 첫인상

최종 합격을 위한 면접평가는 회사의 광고 영상과 비슷한 맥락이다. 기업이 소비자의 시선을 잡아 끌어야 하는 것처럼 말이다. 모든 면접 대상자에게는 동일한 시간이 주어진다. 약 5분에서 많게는 10분 정도인데, 이 시간은 생각보다 길다. 모의면접을 준비해본 학생들은 1분 정도를 끊김 없이 한 번에 이야기하기가 얼마나 어려운지 안다. 대면을 포함해 초반에 주어지는 인사 정도의 멘트가 약 10여 초가량 된다. 처음 10초 내외의 시간이 뒤에 이어질 10분 정도의 면접평가 전체를 좌우한다고 해도 과언이 아니다.

단순히 목소리가 크다고 해서 자신감을 표현할 수 있는 것은 아니다. 목소리에는 힘이 실려야 한다. 비록 성량이 낮더라도 명확하게 전달되어야 한다. 목소리 톤도 평소 대화하는 톤보다 더 높으면 좋다. 보통 호소력 있는 성량과 톤으로 제품 홍보 영상 모델을 생각할 수 있다. 광고 모델이 힘없이 우울한 표정으로 멘트를 하면 어떨까? 오히려 부정적인 이미지를 줄 수 있다. 이러한 광고처럼 짧은 시간에 면접평가자에게 긍정적인 이미지를 심어줘야 한다.

면접은 생기부 평가의 연장선

면접은 학교생활기록부 평가의 연장선이다. 생기부의 다양한 내용을 통해 이미 면접 대상자를 긍정적으로 평가했기에 면접고사에 참여할 수 있었다. 그 긍정적인 평가를 면접에서도 이어가야한다. 면접평가자는 대상자에게 약간의 기대감을 가지고 있다. 그기대감을 실망이 아닌 '역시, 평가를 잘했군'이라는 확신으로 연결해야 한다. 특별한 실수만 없다면 전체적으로 좋은 평가를 받을 수밖에 없다.

그렇기에 첫인상이 면접평가 전체에 미치는 영향은 상당히 크다. 면접고사의 목적은 '사실 확인'이다. 학교생활기록부에 적힌내용의 사실 유무를 평가하는 것도 있지만 생기부 전체에서 드러나는 학생의 성향을 확인하기도 한다. 생기부에 '행동특성 및 종합의견'에는 분명 리더십 있고, 자기주도적이며, 밝고 명랑한 학생이라고 기재되어 있는데, 실제 면접고사에서 처음에 그런 이미지를주지 못하면 면접 중후반의 답변 내용이 훌륭하더라도 제대로 어필되기 어렵다.

기본적인 예의는 선택적으로 활용하라

특별한 제재가 없다면 초반 면접을 시작할 때 인사부터 하는 것이 좋다. 간혹 인사 없이 본론으로 들어가라는 요구도 있지만 대체로 자유롭게 시작할 수 있다. 첫 질문을 받으면 무조건 내용과 상관없이 최대한 예의를 갖추고 힘 있는 톤으로 인사할 것을 권한다.

"안녕하십니까, 저는 ○○대학교 ○○학과에 지원한 ○○○입니다."

여기서 중요한 점은 학교명과 학과명이 틀리지 않도록 유의해야 한다는 것이다. 예를 들어 국민대학교 스포츠건강전공인데, 스포츠산업이라고 혼동하면 안 된다. 실제로 모의면접 수업을 하다 보면 빈번하게 일어난다. 특히 수시에서 6곳의 학생부종합전형을 지원하기 때문에 대학명을 혼동하는 경우도 많다. 서울시립대학교 스포츠과학과 면접장에서 학과명이 같은 성균관대학교나 서울과기대, 인하대학교라고 실수하면 안 된다.

계속 강조하지만 초반 5초 남짓의 첫인상이 주는 힘은 실로 크다. 평소 광고 영상의 멘트를 흉내 내거나, 아파트 광고지 같은 문구를 아나운서의 느낌으로 따라 해보면 좋다. 그 느낌을 살려 평소 대화를 자주 해본다. 물건을 고를 때 예쁜 포장지에 눈이 가는 것은 당연하다. 면접고사에서 최종 합격하려면 면접평가자에게 어필해야 한다. 그것이 목표 대학 합격을 위해 중요한 핵심 열쇠다.

☑ 김민중 선생님이 추천하는 면접 꿀팁

- 제품광고(영상)의 멘트나 문구를 보고 따라 해보자.
- 목소리는 목이 아닌 배에서 단호한 어조로 어필한다.
- 특별한 제제가 없다면 첫 멘트에 인사를 해라.
- 평소 자신감 있는 목소리로 대화하라.

면접관에게
감동을 주는 답변

면접은 발표형 대화이다

우리가 생각하는 면접은 질문과 답변의 연속이다. 면접관의 질문에 충실하게 답변하면 된다는 식으로 뻔하게 생각하면 면접 대비 연습 또한 너무 뻔하다. 지난 기출문제를 확인하고 답변을 기계적으로 연습하는 것밖에 없다. 조금 상황이 낫다면 기출문제를 분석해서 예상 문제를 뽑고 그에 대한 답변을 연습한다. 하지만 결론적으로는 '질문-답변' 패턴을 벗어날 수 없다. 면접평가는 신상 파악 조사가 아니다.

C학생에게 사이가 안 좋거나 평소 대화해보지 않은 A가 갑자기 대화를 걸었다고 생각해보자. 물론 그 대화에 응할 필요 없다면 상관없다. 하지만 꼭 답변해야 하는 질문일 수 있다. 예를 들어 A가 "선생님이 물어보래. ○○ 동아리 가입할 거야?" 선생님이 물어

보라고 했으니 대답할 수밖에 없는 조건이 붙었다. 그래서 "아니, 안 할 건데" 아니면, "어, 할 건데"라고 대답하는 것으로 대화가 종료된다. 하지만 같은 질문을 평소 각별한 친구 B가 물어봤다면 어떨까?

친구 B : ○○ 동아리 가입할 거야?

C학생 : ○○ 동아리, 너도 가입할 거야? 그 동아리 엄청 좋아! 평소 내가 눈여겨봐둔 동아리거든. ○○ 활동도 많이 하고, 예전에 아는 선배가 추천하기도 했어. 나에게 좋은 영향을 줄 것 같아서 가입하려고.

친구 B : 그렇구나. 네가 그렇게 생각하고 있는 줄 몰랐네?

C학생 : 나랑 같이 그 ○○ 동아리 활동할래? 좋은 추억 만들어 보자.

친구 B : 좋아! 그렇게 말해줘서 고마워.

A와 B의 질문은 같았지만 대화 내용은 다르다. 여기서 중요한 사항은 이 대화를 통해 B는 답변하는 C에게 호감을 느끼게 되었다는 것이다. 이 포인트를 면접에 그대로 대입해볼 수 있다.

감동할 수밖에 없는 답변

초반에 자신을 잘 어필해야 한다. 그리고 첫인상에서 좋은 인식을 심어주었다면 그 분위기를 계속 이어나가야 한다. '질문 → 질문에 대한 단답형'으로 끝나면 안 된다. 최악의 상황이라면 면접평가자는 '대답하기 싫은가?'라고 생각할 수 있다. 그렇다면 면접평가자에게 어떻게 해야 감동을 줄 수 있을까? 바로 이야기에 '스토리'를 담아야 한다.

친구 B는 단순히 C에게 동아리 가입 여부만 물어봤지만, C는 가입 여부 외에 자기 생각을 들려주었다. 답변이 아닌 스토리를 담은 '대화'를 한 것이다. 면접장에서 감상까지 담은 남다른 답변을 어떻게 할 수 있을까? 바로 답변에 대한 배경과 예시를 넣어야 한다.

- 일반적인 면접 답변 패턴 : 질문 → 답변 → 끝
- 추천 답변 패턴 : 질문 → 간단 답변 → 답변에 대한 이유(배경)
  → 구체적인 예시 → 질문 답변 정리

면접고사에서 가장 많이 나오는 질문은 바로 '지원동기'다. 아마 지원동기는 면접 대상자라면 누구나 외울 정도로 준비할 것이다. 거기에 체육 관련 학과를 지원한 이유와 그에 대한 구체적인 예시가 담겨야 한다. 여러분에 대해 '1'를 물어봤다면 '1.5'에서 '2' 정도 알 수 있도록 자세히 소개하는 것이 좋다. 예를 들어 ○○대학교 체육교육과 지원동기에 대해서는 보통 체육 선생님이 되고 싶어서 지원했다고 답변한다. 반드시 왜 체육 선생님이 되고 싶은지 구체적인 사례를 들어야 한다. 누군가의 추천과 같은 수동적인 이유보다는 학업에 대한 열망을 담은 능동적인 사례가 좋다. 마지막으로 다시 한 번 지원동기를 강조하면서 양괄식으로 마무리한다. 이 정도 답변한다면 면접평가자가 여러분을 바라보는 시선 자체가 달라질 것이다. 첫 질문과 답변만으로 이미 좋은 평가를 내리고 있다.

면접은 의외로 간단하다. 면접관에게 남들보다 더 진심을 전달하면 된다. 진심을 전달하는 방법은 단순한 답변이 아닌 격식을 갖춘 대화이다. 친구들과 편하게 나누던 대화에 예의와 형식을 갖추면 된다. 물론 능숙하게 하려면 연습이 필요하다. 하지만 초반에 방향 설정만 잘되었다면 그리 어렵지 않다. 이제부터라도 뻔한 기출문제 답변에서 탈출하자.

☑️ **김민중 선생님이 추천하는 면접 꿀팁**

- 답변에 스토리를 담아라.
- 구체적인 예시가 많을수록 좋다.
- 격식을 갖추되, 외운 것처럼 말하지 말라.
- 기출문제에 의지하지 말라.

면접에 숨어
있는 공식

누군가를 처음 만나면 기본적으로 물어보는 것이 있다. 이름, 나이, 사는 곳, 연락처 정도는 대화하면서 자연스럽게 알아간다. 면접고사에서도 면접 대상자를 파악하기 위한 공통적인 질문이 있다. 크게 네 가지 정도로 분류하면 다음과 같다.

- 지원동기
- 학업계획
- 활동계획(학업 외)
- 진로계획

질문 방식은 조금씩 다를 수 있다. 면접평가자가 간단하게 "지원동기를 말해보세요"라고 직접 물어볼 수 있다. 하지만 "여기까지 어떻게 오게 되었을까요?", "그 많은 대학 중에 왜 하필이면 우리 대학을 선택했을까요?"라고 물어볼 수 있다. 그럴 때는 당황하지 말고 질문의 의도를 잘 파악해 스토리를 담아야 한다.

답변에 들어가야 하는 핵심 요소

체육대학 학생부종합전형을 지원했고, 그에 따른 답변을 진행해야 한다는 것을 잊지 말아야 한다. 그러므로 지원동기, 학업계획, 활동계획, 진로계획 등의 질문을 받았을 때는 반드시 공통적으로 들어가야 하는 요소가 있다. 다음 세 가지는 수학 공식처럼 무조건 술술 말할 수 있을 정도로 연습해야 한다.

- 체육을 좋아한 이유
- 체육대학을 지원하게 된 이유
- ○○대학교를 선택하게 된 이유

보통의 학생은 체육을 좋아하게 된 이유를 답변하지 못한다. 왜냐하면 생각해본 적이 없기 때문이다. 너무 당연한 거라고 생각한다. 하지만 이런 사소한 차이가 면접에서 좋은 평가의 시작점이 된다. 체육이 좋은 이유에 대해 여러 가지로 이야기할 수 있다. 활동에 의미를 둘 수 있고, 성과에 의미를 두거나 체육 활동 자체를 분석하는 것에 의미를 둘 수 있다. 체육을 좋아하는 이유를 즐기는 스포츠 종목과 연결해서 생각해보거나 즐겨 보는 프로 스포츠와 연결해봐도 좋다. 체육을 좋아하게 된 이유에 대해서는 갑자기 떠오르는 생각보다 시간을 두고 떠오르는 느낌을 정리하면 좋다.

체육대학을 지원하게 된 이유는 좀 더 구체적으로 처음 체육대학을 진학하면 좋겠다고 생각한 시점을 떠올려보자. 대학은 공부하러 가는 곳이기 때문에 진로 방향보다 학업의 이유를 말하는 것이 좋다. 예를 들어 단순히 체육 선생님이 되기 위해 지원한 것이 아니라, 내가 추구하는 이상적인 체육 선생님이 되기 위해서는 어떠한 공부가 필요한지를 먼저 생각해야 한다. 그 공부를 하기 위해 체육대학 진학을 꿈꾸게 되었다는 스토리를 추천한다. 대학은 취업사관학교가 아니라 어디까지나 학문 연구가 목적이기 때문이다.

마지막으로 대학교를 선택한 이유도 반드시 준비해야 한다. 전국에 체육교육과는 26개 대학에 설치되어 있다. 그 많은 대학 중에 하필이면 ○○대학교 체육교육과에 지원한 이유를 찾아야 한다. 여기서 수동적인 이유는 피하는 것이 좋다. 예를 들어 선배의 추천, 내가 좋아하는 체육 선생님의 출신 대학 등의 이유로 ○○대학교를 지원했다는 것은 아무래도 지원동기로는 부족하다. 학과 커리큘럼, 즐겨 봤던 논문의 출처 대학, ○○대학교의 사회적 프로그램에 참여 등의 능동적인 이유를 추천한다. 충분히 시간을 두고 ○○대학교 ○○학과에 지원한 나만의 이유를 준비해야 한다.

지금까지 소개한 세 가지 요소는 어떠한 질문을 받아도 공식처럼 활용할 수 있다. '가장 기억에 남는 동아리활동', '열심히 노력한 교과과목', '스포츠과학에 관해 설명해보라', '당신이 추구하는 체육 교사의 필수 덕목' 등 어떠한 질문을 받아도 대입할 수 있다. 예를 들어 "가장 기억에 남는 동아리활동을 이야기해보세요"라는 질문을 받았다면 어떻게 대입할 수 있을까?

"고교 시절, 저는 다양한 동아리활동을 경험했습니다. 그중 가장 의미 있는 동아리활동을 뽑아보면, 저는 ○○ 동아리활동이 기억에 남습니다. 제가 그 ○○ 활동을 하게 된 이유를 먼저 소개해 드리면, 이해하기 쉬울 것 같은데요. 평소 저는 체육대학을 진학해 ○○ 분야를 공부하고 싶은 마음에 ○○ 동아리에 가입하게 되었습니다……. (중략)"

잘 답변하기 위해서는 세 가지 요소를 공식처럼 활용해야 한다. 그렇게 되면 어떤 질문이 들어올까 고민하는 모습이 아닌 어떠한 질문을 받아도 답변할 수 있는 자신감에 찬 모습을 보여줄 것이다.

☑ 김민중 선생님이 추천하는 면접 꿀팁

- 왜 체육대학을 지원하려 하는지 '학문적 니즈'를 더해 이유를 찾아라.
- ○○대학교를 선택한 이유를 수동적으로 찾지 마라.

무조건 답변할 수 있는
면접 기술

첫인상도 좋게 만들었다. 그리고 면접관이 감동할 준비도 끝났고 공식도 파악했다. 이제는 면접고사장에서 멋지게 실력 발휘를 하면 된다. 하지만 어디까지나 면접도 시험의 일부이다 보니 뜻대로 되지 않는다. 왜 그럴까? 이유는 간단하다. 연습과 실전은 엄연히 다르다. 생각하는 것과 말하는 것도 다르다. 생각은 누구나 할 수 있다. 하지만 실전에서는 말로 할 수 있어야 한다.

친절하지 않은 면접고사장

모든 시험장은 당연히 분위기가 무겁고, 부담스럽고, 어려운 자리다. 면접고사장도 예외는 아니다. 특히 대입 공정성을 중요시하는 사회적 분위기 때문에 더욱더 민감하게 평가하는 부분이 바로 면접이다. 그렇기에 절대 배려가 없다. "시간 줄 테니 천천히 답변하세요"라고 몇몇 대학에서는 아주 친절하게 대해주는 곳도 있으나 그걸 바라고 준비하면 안 된다. 여러분이 준비한 대로 페이스를 유지해야 한다. 그 배려가 여러분의 다른 부분을 평가하는 요소일 수 있다. 얼굴로는 웃으면서 대면하지만, 평가지의 점수표는 웃는 모습이 아닐 확률이 높다.

여러분에게 질문하고 답변할 시간을 무한대로 주지 않는다. 오히려 대답을 재촉할 수 있다. 준비 시간도 없고 전체적으로 무거운 분위기일 것이라고 마음먹는 것이 좋다. 최대한 '배려 없는' 악조건 속에서 면접고사를 대비해야 한다. 이 어려운 상황을 잘 극복하고 제 실력을 발휘한 학생이 최종 합격의 기쁨을 누린다. 그렇다면 어떻게 해야 제 실력을 발휘할 수 있을까?

바로 말하지 말라

TV에서 기상 캐스터가 오늘 날씨를 소개하는 모습을 본 적이 있을 것이다. 뉴스를 진행하는 앵커가 기상 캐스터에게 보통 이렇게 말한다. "오늘의 날씨 소개해주세요" 하면서 화면이 전환되는데, 그때 기상 캐스터가 2~3초간의 텀(Term)을 두고 말한다. "오늘의 날씨 소개해드리겠습니다." 우리가 여기서 생각해야 할 것이 바로 그 텀이다.

　면접고사장에서 질문이 끝나기가 무섭게 바로 답변하지 마라. 질문을 받은 직후, 마음속으로 '하나, 둘, 셋' 헤아린 다음 이야기를 시작하는 것이 좋다. 너무 급하게 말하면 실수할 수 있다. 이보다 더 큰 문제는 면접평가자가 여러분을 오해할 수 있다는 것이다. 외운 대로(준비한 것) 이야기한다고 생각할 수 있기 때문이다. 급할수록 돌아가라는 속담이 있듯이, 더 여유를 가지고 침착하게 답변해야 한다. 2~3초간의 텀이 답변을 준비하는 소중한 시간이 될 수 있다.

질문을 정리하라

　면접평가자에게 질문받고 무조건 본론으로 들어가면 안 된다. 몇 초간의 텀 이후에는 바로 답변하기보다는 질문받은 내용을 정리하는 것이 좋다. 질문을 정리하면서 자연스럽게 답변을 준비할 시간을 벌 수 있다. 무엇보다 동문서답을 피할 수 있다. 간혹 답변 후반부에 질문과 다른 방향으로 흘러갈 수 있는 위험을 최대한 줄일 수 있다. 예를 들어 "교과 공부하면서 가장 기억에 남는 과목이 어떤 것이었나요?"라는 질문을 받았다고 하자. 일반적으로는 "체육입니다"라고 답변할 수 있다. 아니면 당황한 나머지 갑자기 떠오른 과목을 즉흥적으로 대답할 수도 있다.

가장 효과적인 시작은 바로 질문을 정리하는 것이다. "(교수님 질문에 답변드리겠습니다) 저는 고교 재학 중에 다양한 과목을 최선을 다해서 공부했습니다. 많은 과목이 기억에 남는데, 그중 하나를 선택해보자면 바로 '체육'을 꼽을 수 있습니다. 체육은 저에게……." 이렇게 질문을 정리하면 더 많은 정보를 전달할 수 있다. 그리고 어떻게 정리하느냐에 따라 자연스럽게 긍정적인 인식을 심어줄 수 있다. 기억에 남는 과목이 무엇이냐고 물었지만, 모든 교과과목을 열심히 공부했다고 소개하면서 답변에 대한 사실성 여부도 전달하게 되었다. 질문 정리법 예시를 몇 가지 더 소개하면 다음과 같다.

Q. 체육교사에게 가장 필요한 요소는 무엇인가요?

A. (교수님 질문에 답변드리겠습니다) 체육교사에게 가장 필요한 덕목에는 배려심, 수업 능력, 유머, 통솔력 등 다양한 요소가 있을 수 있습니다. 그중 가장 중요한 요소는 ○○라고 생각합니다. 그렇게 생각하게 된 이유는…….

Q. 체육부장으로서 기억에 남는 활동은 무엇인가요?

A. (교수님 질문에 답변드리겠습니다) 저에게 체육부장 활동은 고교 시절 참 소중한 활동이었습니다. 체육대회 준비, 운동 프로그램 개발 등 여러 가지가 생각나는데, 그중 가장 기억에 남는 활동은 ○○○이었습니다. 그 ○○○활동을 준비하면서…….

이러한 답변은 특정 질문 패턴에서 유용하게 활용할 수 있다. 특히 가장 중요한 가치를 물어보는 것에서 가장 큰 힘을 발휘한다. 예를 들어 과거에 했던 활동, 진로계획, 취미, 특기, 좋아하는 것, 가치관 등이다.

그 외에 다양한 질문도 위와 같은 방식으로 정리해나가면 답변할 시간을 벌 수 있다. 초반 침묵의 2~3초와 위 멘트 10여 초를 모두 더하면 약 10~15초 정도 답변 준비 시간이 확보된다. 다양한 질문 형태를 분석해 질문 정리하기를 연습해보면 그 효과를 극대화할 수 있다. 어떠한 질문이 들어와도 답변을 준비할 시간을 확보할 수 있고 자연스럽게 양질의 답변을 할 수 있다.

앞 장에서 소개한 다양한 팁과 함께 복합적인 상황에서 연습해보자. 면접도 사전에 준비할수록 능숙하게 말할 수 있다. 면접에 정도(正道)는 없다. 계속 말하는 연습을 하다 보면 면접장에서 여유를 가지고 면접평가자와 능숙하게 '대화'할 수 있으리라 확신한다.

☑ **김민중 선생님이 추천하는 면접 꿀팁**

- 질문받은 후 2~3초간 텀을 두고 답하라.
- 선택적으로 "교수님 질문에 답변드리겠습니다"를 활용하라.
- 답변 초반에 받은 질문을 정리하라.
- 정리된 질문에 추가 요소(정보)를 넣어라.

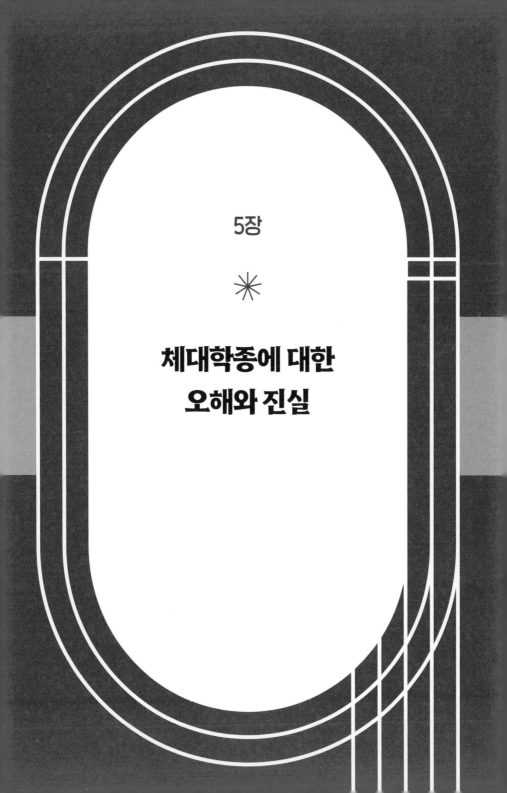

5장

✳

체대학종에 대한
오해와 진실

학종도 결국
내신성적이다?

코로나19로 인해 모든 중고등학교 수업이 전면 비대면 수업으로 전환되었다. 뜻하지 않은 상황에서 미처 준비하지 못한 채 실행하게 된 비대면 수업은 학생들에게 일방적인 강의식으로 제공할 수밖에 없었다. 기존의 강의식 수업에서 학생 참여형 수업으로 변화하는 교육의 발전 과정에서 다시 원점으로 돌아온 것이다. 코로나19 상황은 자연스럽게 비교과활동 축소로 이어졌다.

단순 온라인 수업으로 인한 비대면 상황에서 할 수 있는 것은 공부뿐이라고 생각하며 대다수의 학생들이 내신 공부에 집중했고 '학종=내신'이라는 공식은 더욱 강해졌다. 실제로 상담하면서 살펴본 학생들의 2020학년도 생기부 내용 중 10에 8은—높은 등급과 낮은 등급의 학생들 모두—내신 외에 단순 참여형 활동이 대부분이었다. 이 말은 학업성취도 외에 다른 역량을 보여주지 못했다는 것을 의미한다. 그러나 나머지 2는 코로나19라는 어려운 상황에서 순응하지 않고 그것을 이용해 자신의 역량을 만들었다.

코로나19 상황으로 인해 모든 학생들이 똑같이 내신에만 집중할 때 아무도 신경 쓰지 않는 비교과 요소에서 자신이 할 수 있는 활동을 찾아내 발 빠르게 주제를 선점하고 자신의 강점으로 만든 것이다. 자신의 활동을 통해 어려운 상황을 극복하는 역량을 보여줌으로써 대학 레벨까지 바뀌었다. 학종=내신이라는 공식을 깨고 대학의 레벨까지 바꿀 수 있는 방법을 알아보자.

'학종=내신'이 생기게 된 이유

먼저 '학종은 내신이 전부다'라는 오해가 생기게 된 이유부터 알아보자. 첫 번째 이유는 우리가 이해하기 쉽고 판단하기 쉬운 것이 '숫자'이고 생기부에 숫자로 작성되는 가장 대표적인 것이 내신등급이기 때문이다. 학생이나 학부모들(심지어 많은 수의 교사들까지)은 학업 역량, 전공 적합성, 인성, 발전 가능성(학업 역량, 진로 역량, 공동체 역량) 등을 숫자, 즉 수치로 나타내기 어려우니 내신등급과 봉사활동 시간, 생기부 페이지 수와 같이 숫자로 나타낼 수 있는 것에 집중한다.

두 번째 이유는 몇몇 학교와 교사들 때문이다. 이는 이러한 오해를 만든 가장 큰 장본인이기도 하다.(다수의 교사가 아닌 몇몇 교사들을 말하는 것이니 너무 비판적으로 보지 않으면 좋겠다.) 실제로 아이들과 상담하면서 많은 교사와 학교의 특성을 듣게 되었다. 가장 부정적이었던 것은 바로 1, 2등급, 즉 높은 등급의 학생들에게만 활동과 기재 내용을 몰아주는 학교와 교사들이다. 실제로 학기 초에 1, 2등급만 '세부능력 및 특기사항'을 써주겠다고 언급하는 교사가 아직도 있다. 이러한 교사와 학교에서는 자연스럽게 등급이 높은 학생들의 생기부 수준이 높고, 중위권 아이들의 학생부종합전형 결과는 좋지 않다. 학생과 학부모들은 단순히 생기부에 나타난 등급만을 보고 '내신 중위권은 상위 대학 불가'라고 생각하는 것이다.

실제로 1학년 때 중위권 등급을 받은 학생들이 상위권 대학을 갈 수 없을 것이라고 판단해 학생부종합전형을 일찌감치 포기하는 경우가 많다. 정말 안타까운 일이다. 그러나 전혀 그렇지 않다. 중위권 학생들도 충분히 상위권 학교에 진학할 수 있다. 학생부종합전형은 교과와 비교과(교과는 학교수업을 통해 얻은 학업성취도 수준을 말하며, 비교과는 자율, 봉사, 진로, 과목별 활동 등 모든 학교활동을 말한다)를 종합적으로 판단하는 전형이다. 성적은 생활기록부에 기재된 내용 중 하나일 뿐이다. 성적이 낮아도 다른 요소에 집중해 비교과활동을 준비한다면 본인보다 내신등급이 높은 학생들을 앞지를 수 있다. 다음은 내 의견을 논리적으로 증명해 오해를 풀 수 있는 가장 좋은 첫 번째 자료이다.

다음 페이지에 나와 있는 경희대학교의 입시 통계 자료를 통해 알 수 있듯이 '높은 내신등급=합격'이라는 법칙은 성립하지 않는

모집단위	합격자 평균 등급	지원자 학생부 교과 등급 분포									○합격(충원합격 포함) X불합격
		1등급	2등급	3등급	4등급	5등급	6등급	7등급	8등급	9등급	
체육학과	2.7										
스포츠의학과	2.7										
골프산업학과	5.7										
태권도학과	3.4										

출처 : 경희대학교 입학처

다. 체육학과, 스포츠의학과만 보더라도 가장 등급이 높은 학생들이 불합격된 것을 볼 수 있다. "그래도 자료를 보면 대부분 2등급 학생들이 뽑혔으니 등급이 우선시되는 것이 아닌가요?"라고 질문하는 학생도 있을 것이다. 학생부종합전형에서 교과와 비교과의 우선순위는 없다. 교과가 더 확실한 우선순위였다면 1등급대의 학생들은 무조건 합격했을 것이다. 그러나 위 자료를 보면 알 수 있듯이 1등급대의 학생들이 2등급대의 학생들보다 더 적다.

다시 한 번 강조하지만 성적은 생기부의 한 요소일 뿐이다. 물론 성적이 높으면 내신을 반영하는 학업성취도 항목에서 강점이 될 수 있다. 그러나 학업성취도는 학생부종합전형 평가항목의 전부가 아니라는 점을 명심해야 한다. 우리는 내신을 역전할 수 있는 발판을 마련해야 하는데, 그것이 비교과활동이다.

오해를 풀기 위한 두 번째 자료는 대학별 학생부종합전형 가이드북이다.

* 2022학년도 서울대학교 학생부종합전형 세부 평가 기준 내용 *

학업을 충실히 수행할 수 있는
기초 수학 능력

학업성취도
교과목의 석차등급 또는 원점수(평균/표준편차)를 활용해 산정한
학업능력 지표와 교과목 이수 현황, 노력 등을 기반으로 평가한
교과의 성취 수준이나 학업 발전의 정도

학업태도와 학업의지
학업을 수행하고 학습을 해 나가는 자발적인 의지와 태도
학습자 스스로 학습 목표를 설정하고 적절한 학습
전략을 선택하여 계획을 수립 · 실행하는 과정

탐구활동
어떤 대상에 대해 호기심을 가지고
깊고 폭넓게 탐구할 수 있는 능력

출처 : 2022학년도 서울대학교 학종 가이드북

* 2022학년도 경희대학교 학생부종합전형 세부 평가 기준 내용 *

[교과 성취도]

교과 성적 지표는 학생의 학업능력을 판단할 수 있는 다양한 자료 중 하나입니다. 교과성취도를 파악할 때에는 교과 성적을 공식으로 수치화하여 기계적으로 반영하지 않습니다. 상이한 교육 환경과 교육과정에서 얻은 성취를 단순히 수치상으로 비교할 경우, 교과성취도는 지원자의 학업능력 수준을 판단하기 위한 정확한 정보가 될 수 없기 때문입니다. 정량평가를 하지 않으므로 학년별/과목별 반영 비율은 존재하지 않으며, **전 교과목의 3년간의 성취도를 정성적으로 평가합니다.**
아래 표에서 볼 수 있듯이 수강자가 300명인 과목에서 1등급을 받은 성적과 수강자가 20명인 과목에서 3등급을 받은 성적을 단순히 비교하는 것은 적절한 평가방식이라 할 수 없습니다. 수강자 수, 원점수, 평균, 표준편차, 학년별 성적 변화, 선택 과목 특성 등의 다양한 정보를 통해 수치가 가지고 있는 의미와 정보를 정성적으로 해석하여 더욱 정확하게 학업능력을 평가하고자 합니다.

학년	학기	과목	이수단위	등급	인원	원점수	평균	표준편차
1	1	OOO	3	1	300	98	71.2	15.4
2	2	OOO	2	3	20	94	89.2	4.6
3	1	OOO	2	A	-	-	-	-

교과 성적을 평가할 때 학생이 이수한 과목의 선택 상황을 고려합니다. 소수 학생이 선택한 과목이나 난이도가 높은 과목을 이수하여 수치상 결과가 다소 나쁠 수 있지만 학생의 도전 정신과 호기심을 긍정적으로 평가한다면 도전하지 않은 학생에 비하여 더 좋은 평가를 할 수도 있습니다. 따라서 소규모 학교나 소수 학생들이 이수하는 과목을 수강하는 것이 서류평가에서 결코 불리하지 않습니다.

출처 : 2022학년도 경희대학교 학종 가이드북

학생부종합전형 세부 평가 기준 공개 의무화로 인해 현재 대부분의 대학에서 학생부종합전형 가이드북을 제시하고 있다. 그러

나 대학별 가이드북을 모르는 학생들이 다수다. 학생부종합전형을 준비하는 학생이라면 지원 대학의 학생부종합전형 가이드북을 꼭 읽어보길 권장한다. 각 대학의 입학처에서 확인할 수 있다.

모든 학교의 가이드북 내 학업성취도 부분을 언급하기는 어렵지만 내신을 반영하는 학업성취도 부분에서 가장 강조하는 것이 바로 학업성취도를 산출할 때 내신등급만을 반영하지 않는다는 것이다. 내신등급만으로는 판단할 수 없는 다양한 역량을 파악하는 것이 학생부종합전형의 목적이기 때문에 내신등급뿐 아니라 원점수, 평균, 세부능력 및 특기사항에 나온 학업 태도, 탐구활동 등 다양한 요소를 정성평가해 지원자의 우수성을 판단한다. 그렇기 때문에 내신등급만으로 지원자의 합격을 논하는 것은 문제가 있다.

코로나19 팬데믹으로 인해 대학들은 공부뿐만 아니라 다양한 활동에서 자신의 창의적 역량을 보여줄 수 있는 인재를 찾기가 더욱 어려워졌다. 모두 내신 공부에 집중하는 시점에 단순 문제 풀이 능력은 대학에 어필할 만한 차별점이 될 수 없다. 다양한 역량을 보여줄 수 있는 체대학종은 오히려 기회다. 단순히 '숫자'로 표시되는 등급에만 집중하지 말고 공부만 잘하는 학생이 아닌 대학이 요구하는 다양한 역량을 갖춘 학생임을 보여주자. 그 역량을 보여주는 과정에서 항상 체육에 초점을 맞춰보자.

페이지 수가 많으면
좋은 생기부?

생활기록부의 페이지 수는 학생과 학부모들이 가장 관심을 가지는 것 중 하나이다. 작년에 입학한 학생의 생기부는 어느 정도 양이었는지, 어느 정도 페이지 수를 채워야 학생부종합전형을 지원할 수 있는지 물어보는 학생과 학부모들이 많다.

생기부 내용의 기준

생활기록부 내용은 두 가지로 나뉜다. 학생의 활동 과정에 대해 사실 위주로 작성한 생기부와 학생에 대한 교사의 평가 위주로 작성한 생기부이다. 3장에서 언급했듯이 생기부는 평가보다 사실적인 내용이 학생부종합전형에서 유리하다. 그래서 무조건 양이 많다고 좋은 생기부가 아니다. 학생을 보여줄 수 있는 사실을 위주로 작성한 것이 좋은 생기부이다. 사실 위주의 생기부라면 양에 연연하지 않아도 된다. 학생의 활동 과정을 구체적으로 보여준다면 양은 자연스럽게 늘어나기 때문이다.

반대로 교사들이 우리 학생을 더 좋게 보여주기 위해 다양한 수식어구나 미사여구를 추가하는 경우도 많다. 이러한 경우 당연히 글자 수가 늘어나겠지만, 학생의 개별적인 특성을 잘 보여주지 못하면 신뢰성이 떨어져서 좋은 평가를 받지 못한다.

생기부 기재 변경 사항으로 인해 글자 수가 제한되므로 학생의 특성을 나타내는 것이 중요하다. 제한된 글자 수 안에서 학생의 개별적 특성을 보여줄 수 있는 내용을 충분히 담아야 한다. 그러나 상담을 진행하면서 보았던 생기부 중에는 페이지 수는 많지만 평가할 만한 내용은 없는 경우가 많았다.

여기서는 3장에서 언급한 '자세함'과 '구체성'의 차이가 가장 크다. 보고서나 발표 등의 자세한 내용을 담은 생기부는 학생의 역량을 보여주지 못한다. 학생부종합전형은 보고서나 발표 내용이 아니라 학생 본인을 평가하는 것이기 때문이다. 생기부의 주인인 나의 활동 과정을 채우는 것이 첫 번째 목표라는 것을 다시 한 번 강조한다.

생기부의 양이 많을수록 나의 역량을 보여줄 내용이 많은 것은 사실이다. 그러나 양만 많은 생기부와 나를 잘 보여주는 생기부는 다르다. 생기부의 양은 첫 번째 목표가 아니다. 학교생활에 적극

적으로 참여하고 나의 진로 희망분야에 대한 탐구와 활동을 보여
준다면 생기부의 양은 자연스럽게 늘어난다는 것을 명심하자. 생
기부 양이 많다면 앞서 언급한 만점 생기부 만들기 주요 사항을 점
검해보자.

자사고, 특목고
무조건 유리한가?

학생부종합전형에서 고등학교의 차이는 항상 화제이자 토론의 주제다. 특히 학생들 스스로 출신 고등학교에 차별을 두고 유불리를 판단한다. 자사고, 특목고 학생들은 학교활동의 질과 양이 모두 잘 마련되어 있어 학생부종합전형에서 유리하다고, 일반고와 더불어 체육고 학생들은 학교활동의 양도 적을뿐더러 교사들이 학생부종합전형을 잘 몰라 학종에서 불리할 것이라고 생각한다. 그러나 모두 알고 있는 것처럼 출신 고등학교에 따라 입시에서 차별하는 고교 서열화는 존재하지 않는다.

학생부종합전형에서 고교에 따라 달라질 수 있는 활동의 양과 질을 평가하지 않는다. 계속 언급했듯이 학생부종합전형은 활동 그 자체가 아닌 활동 과정에서 드러나는 학생의 역량을 평가한다. 그러한 나를 보여주기 위해 3장에서 언급한 만점 생기부 만들기의 주요 사항이 중요하다. 만점 생기부 만들기는 어떤 고등학교라도 만들 수 있다. 또한 자사고, 특목고에서 많이 보여주는 보고서와 발표가 일반고라고 해서 불가능한 것도 아니다. 일반고 학생들도 스스로 보고서와 소감문을 쓰고 심화 탐구도 진행할 수 있다. 어떤 고등학교에서도 학교활동에서 적극성, 자기주도성, 발표력 등의 역량을 보여줄 수 있다. 출신 고등학교는 문제되지 않는다.

물론 활동의 양과 질도 좋고 학생부종합전형을 잘 아는 교사들이 많은 학교가 유리할 수 있다. 그러나 학교활동의 질이 좋다고 무조건 학생이 우수한 것은 아니다. 한마디로 그러한 학교들이 무조건 유리하지 않다는 것이다. 우리는 체대학종의 전략과 만점 생기부 만드는 법을 알게 되었다(2~3장 참고). 출신 고등학교가 학생부종합전형에 미치는 영향은 크지 않다.

이 책을 읽는 독자들은 이제 학생부종합전형을 누구보다 잘 알게 되었다. 자신의 학교를 핑계로 난 안 된다며 자책하지 말자. 자사고, 특목고라고 너무 자만하지 말자. 나를 보여주기 위해 어떻게 우리 학교의 활동을 이용할지 먼저 생각해보고 활동을 주도해보자.

진로가 변경되면
무조건 불리할까?

진로와 가장 연관되는 평가항목은 전공 적합성임을 대부분 알고 있을 것이다. 그러면 이제 전공 적합성에서 진로를 통해 어떤 것을 평가할지를 알아야 한다. 전공 적합성은 단순히 진로와 학과의 연관성만을 보지 않는다. 전공 적합성은 진로에 대한 고민과 확신하기까지의 과정을 평가하는 것이다.

'진로가 변경되면 무조건 불리할까?'에 대한 답은 '진로 변경은 불리할 수도 있고 불리하지 않을 수도 있다'이다. 진로와 가장 연관 있는 평가항목인 '전공 적합성' 때문이다. 많은 학생들이 '단순히 진로와 학과의 연관성만을 본다'고 생각한다. 그러나 전공 적합성은 진로에 대한 고민과 확신하기까지의 과정을 평가하는 영역이다. 그래서 진로 변경이 '불리하다', '불리하지 않다'는 것은 진로 변경 이유에 달려 있다.

진로가 변경되었다면 고민의 과정을 생기부에 드러내야 한다. 단순히 생각이 바뀌었다고 해도 좋고, 어떠한 활동이 계기가 되었다고 해도 좋다. 학생부종합전형에서 나만의 특성을 보여줄 수 있는 진로 변경 사유를 기재한다면 오히려 더 좋은 기회가 될 수 있다.

가장 중요한 점은 진로 자체가 아니라 나의 '과정'이다. 왜 이 진로 혹은 전공을 선택했는지, 어떻게 준비했는지, 어떠한 이유 혹은 활동 때문에 진로가 바뀌었는지, 그 과정을 통해 나는 어떻게 성장했는지가 중요하다. 또한 2022년 3월에 발표한 'NEW 학생부종합전형 공통 평가요소 및 평가항목'에서는 전공 적합성을 진로 역량으로 바꾸면서 진로 희망분야와 무관하게 학교에서 다양한 활동을 하도록 '진로 탐색활동과 경험'으로 세부 평가 내용을 추가하기도 했다. 이런 연구안을 통해서도 진로가 변경되는 것이 더 이상 불리한 요소가 아님을 알 수 있다.

10대 특히 고등학생들이 진로를 바꾸는 것은 자연스럽고 흔한 일이다. 진로가 일관되어야 학생부종합전형에서 좋은 결과를 낼 수 있다는 생각은 버리자. 대신 진지하게 나의 진로를 고민해보며 탐색하고 그 과정을 생기부에 드러내보자.

반장을 못 하면
리더십이 없는 건가요?

학생부종합전형에서 흔히 스펙을 이야기할 때 가장 많이 언급되는 것이 반장, 부반장, 학생회장, 부회장 등의 역할이다. 왜냐하면 학생부종합전형의 평가항목 중 하나인 리더십 때문이다. 공동체의 화합과 단결을 이끌어나가는 리더십은 대학들이 중요하게 평가하는 요소 중 하나이다. 심지어 많은 대학의 인재상에는 리더십과 관련된 내용이 포함되어 있다. 그러나 학생부종합전형을 준비하는 학생과 학부모들은 리더십을 잘못 오해하고 있다.

가장 큰 오해는 직책이 곧 리더십이라는 생각이다. 많은 학생들이 반장이나 학생회장을 하지 못하면 리더십을 보여주지 못한다고 생각한다. 심지어 이러한 생각으로 학생부종합전형을 포기하는 학생도 있다.

학생부종합전형에서는 학생을 단순히 직책으로 평가하지 않는다. 직책과 상관없이 활동 과정에서 리더의 자질을 보여줄 수 있는 가를 평가한다. 협동 상황에서 활동을 주도하고 이끌었는지가 중요하다. 학급이나 학교에서 임원을 맡았다고 리더십에서 무조건 좋은 평가를 받는 것이 아니다. 반대로 임원을 맡지 않았더라도 좋은 리더십 역량을 보여줄 수 있다. 예를 들어 교과 토론 활동에서 먼저 주도해 토론을 이끈 경험, 체육대회나 교내 운동 리그에서 아무도 나서지 않을 때 먼저 응원을 주도하며 우리 반이 활기를 띠게 만든 경험 등은 직책이 없어도 리더십을 보여줄 수 있는 활동이다.

주도적으로 이끌지 않는 반장과 아무런 직책을 맡지 않았지만 활동을 주도하고 이끈 학생 중 누구의 리더십을 더 높이 평가할까? 당연히 후자의 학생일 것이다. 두 학생의 차이점은 바로 계속 강조하는 '활동 과정'에 있다. 임원이라는 직책만 가지고 있을 뿐 아무런 활동 과정이 없는 학생은 임원을 안 하느니만 못하다. 임원이라는 직책이 스펙으로 보일 수 있겠지만 활동 과정이 없다면 리더십에서 좋은 점수를 받지 못한다. 물론 각종 임원은 무언가를 주도할 수 있는 활동에 많이 노출되는 것이 사실이다. 그러나 리더의 자격을 보여주는 리더십 역량은 학생의 활동 과정에서 드러난다.

반장, 부반장 등의 직책을 가진 학생들은 안주하지 말고 그 자격에 맞는 활동을 해야 한다. 또한 직책이 없는 학생들도 리더십을 보여줄 수 있는 활동을 찾아 그 과정을 어필하자.

모든 활동이 체육과
관련 있어야 하나요?

체대학종을 준비하는 학생들의 가장 큰 오해는 바로 생기부에 있는 자율, 동아리, 진로, 봉사, 세특까지 모든 활동이 체육과 관련 있어야 한다는 믿음이다. 학생부종합전형이 전공 적합성만을 평가하는 전형이라고 잘못 이해하고 있는 것이다. 많은 학생과 학부모들이 '학생부종합전형=진로'라는 오해를 가지고 있다. 그래서 진로와 연관 지을 수 없는 활동까지 억지로 융합해 부자연스러운 내용이 되는 경우가 많다.

학생부종합전형은 전공 적합성만을 평가하는 전형이 아니다. 학업 역량, 인성, 발전 가능성까지 모두 평가하는 전형이다. 특히 발전 가능성 평가항목에는 경험의 다양성이라는 평가요소도 있다. (2024학년도부터는 발전 가능성이 진로 역량의 세부 평가항목으로 들어간다.) 경험의 다양성이란 학교생활에서 다양한 경험을 하고 어떻게 성장했는지를 평가하는 것이다. 한마디로 대학은 전공에만 너무 치우치지 않고 다양한 경험을 하면서 성장한 학생을 뽑는다. 오히려 전공에만 너무 집중하면 다른 평가항목에서 점수를 얻지 못할 가능성이 크다.

가장 대표적인 것이 체육교육과를 희망하는 학생이 자신의 전공에 따라 반드시 교육봉사를 해야 한다고 생각하는 것이다. 물론 교육봉사가 나쁜 것은 아니다. 그러나 3장에서 언급했듯이 봉사활동에서 평가하고자 하는 가장 큰 역량은 공동체 의식이다. 단지 전공 적합성을 위해 교육봉사를 했다면 점수를 받을 수 있겠지만, 봉사를 통해 평가하고자 하는 공동체 의식은 보여주지 못할 가능성이 크다. 심지어 봉사활동 특기사항이 미기재로 변경되어 봉사활동 실적만을 기재하는 현 생기부로는 공동체 의식을 보여주기 더 힘들다.

물론 전공 적합성은 학생부종합전형에서 합격을 가를 수 있는 중요한 평가항목이다. 그러나 전공 적합성에만 너무 초점을 맞추면 활동 자체가 부자연스럽고 생기부만을 위한 활동으로 보여질 수 있다. 또한 인성과 발전 가능성에 해당되는 역량을 보여주기 힘들다. 전공과 관련된 활동만 선택하지는 말자.

전공과 관련되지 않더라도 다양한 활동에 참여해 내가 가진 역량을 모두 보여주자. 전공 적합성은 학생부종합전형에서 평가하는 네 가지 항목 중 하나일 뿐이다.

EXAM

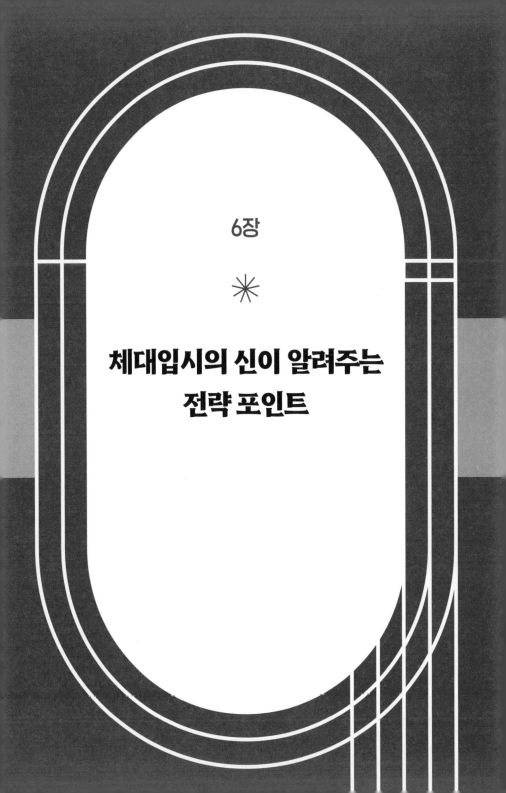

6장

✳

체대입시의 신이 알려주는 전략 포인트

지원 전공을 미리 설정할 필요 없다
이화여자대학교 체육과학부 합격 스토리

학생부종합전형을 준비할 때 진로가 바뀌면 불리하다거나 내가
가고 싶은 전공을 먼저 정하고 그에 맞춰 활동해야 한다고 믿는 학
생과 학부모들이 많다.

A학생도 체육대학 진학을 원하는 다른 학생들과 마찬가지로 체
육에 관심이 많았다. 그러나 막연한 관심으로 답답해했다. 학생부
종합전형을 준비하기 위해서는 하나의 전공을 선택해야 한다고
생각하면서도 자신이 어떤 분야에 관심 있는지, 어떤 분야의 활동
을 잘할 수 있을지도 판단이 서지 않았다. 심지어 체육대학에 어떤
분야가 있는지도 몰랐다. 그래서 A학생과는 하나의 전공을 택하
지 않고 체육대학의 네 가지 분야와 관련된 활동을 모두 진행했다.

수행평가, 발표 그리고 심화탐구 등을 체육의 여러 분야와 융합
하며 진행했다. 특히 다양한 활동들을 하나의 전공에 끼워 맞추는

것이 아니라 가장 적합한 전공 분야와 융합하는 것을 중시했다. 그렇게 활동을 진행하다 보니 생기부에서 좋은 변화가 일어났다. 하나의 전공에 맞춰 진행하지 않았기 때문에 과목별로 융합했던 활동들이 자연스럽게 세부능력 및 특기사항에 기재되었다. 결과적으로 학생의 진정성을 더 잘 보여주었다. 또한 A학생에게도 좋은 변화가 일어났다. 다양한 분야의 활동을 진행하는 과정에서 자신의 관심 분야를 찾은 것이다. 바로 스포츠건강·재활 분야였다.

본인의 희망 전공을 찾으니 체육대학 진학에 대한 꿈이 더 커졌고, 학업과 학교활동에 더 적극적으로 참여하기 시작했다. 심지어 자율 시간에 급우들의 건강을 책임진다는 목표로 스스로 아침 체조를 기획해 주기적으로 실행하기도 했다.

적극성과 전공에 대한 확신을 가지자 생기부에는 자연스럽게 학생의 관심 분야가 잘 표현되었다. 그리고 마침내 지원 대학을 결정하는 시기가 되었다. A학생이 원하는 건강·재활 분야의 대학을 지원하기로 하고 이화여자대학교 체육과학부도 같이 준비했다.

이화여자대학교는 활동보고서라는 특별 자료를 대입에 반영한다. 활동보고서에는 5개의 교과활동과 5개의 비교과활동을 필수적으로 작성하며 마지막에 이러한 활동들을 종합해 지원동기를 작성해야 한다. 각 5개씩 총 10개의 체육 관련 활동이 활동보고서에 기재되어야 하므로 최소 10개의 체육 융합활동이 필요하다. 그래서 체육과 융합한 다양한 활동을 하지 않으면 작성 자체가 힘들고 지원 자체도 어려울 수 있다. 그러나 A학생은 초기에 다양한 활동을 진행했기 때문에 활동보고서를 쓸 수 있는 양이 충분했다. 오히려 조금 더 인상 깊었고 깊이 탐구했던 과정을 선택하기가 더 힘들었다. 또한 학생 스스로 다양한 분야의 활동을 하고 자신의 희망 전공 분야를 건강·재활로 선택했기 때문에 지원동기도 술술 써 내려갔다.

A학생은 이화여자대학교 체육과학부에 합격했다. 고등학교 때 다양한 경험을 통해 본인의 희망 전공과 진로를 정하니 대학 공부도 더 재밌다고 한다.

학생부종합전형을 위해 미리 전공을 설정하고 맞춤 활동을 해야 한다는 생각은 버리는 것이 좋다. 실제로 2022년 3월에 발표한 'NEW 학생부종합전형 평가요소 및 평가항목'에 따르면, 2024학년도부터 전공 적합성의 명칭이 진로 역량으로 변경된다. 발표 자료에 따르면 학생들이 전공에 맞춰 활동해야 한다는 고정관념을 깨고 진로 탐색 과정에서 다양한 경험을 할 수 있도록 변경한다는 것이다.

본인의 희망 전공을 지금 정하지 못했더라도 괜찮다. 다양한 분야의 활동을 진행하면서 본인에게 가장 맞는 전공을 선택해도 늦지 않으니 먼저 체육에 대한 관심을 보여주자. 체육에 대한 관심은 전공에 대한 관심으로 이어질 것이고 결국 체육대학 합격이라는 선물을 얻게 될 것이다.

나에게 도움이 되지 않는 활동은 없다
서울대학교 체육교육과 합격 스토리

관련 없어 보이는 방송반 활동, 체육과 연관시키다

학생부종합전형을 준비하는 학생들이 가장 많이 하는 실수가 있다. 체육과 연관되지 않은 활동을 후회하는 것이다. 보통 체육과 연관되지 않은 활동은 체육대학 학생부종합전형에서 그리 긍정적인 활동이 아닐 것으로 판단한다. 그러다 보니 체육과 연관되지 않은 활동은 전혀 도움이 되지 않는다고 단정 지으며 후회한다. 심지어 그 활동을 할 시간에 다른 일을 했다면 더 좋았을 거라고 자책한다. B학생도 마찬가지였다.

B학생은 과거에 방송반 활동을 했다. 본인이 하고 싶어서 했던 활동이었고 재밌었기에 좋은 기억으로 남아 있다. 이에 더해 사회적 현상을 토론하는 영어 토론반 활동도 했다. 그러나 주변에서는

체육과 연관되지 않은 활동이니 감점 요소 혹은 아무 영향력이 없는 활동이라고 조언했다. 다행히 그러한 조언에도 불구하고 B학생은 목표를 굽히지 않았다. 어떻게 과거의 활동들을 다른 활동과 융합할지 고민했다.

B학생은 방송반을 통해 미디어와 영상편집에 대한 관심이 높아졌다고 한다. 그러한 관심을 체육과 어떻게 융합할지 생각해보았고, 그 결과 미디어를 이용한 체육수업을 계획했다. 실제로 이때는 코로나19가 창궐하던 시기였다. 사회적으로 미디어를 이용한 수업에 대한 관심이 점차 높아지고 있는 분위기를 십분 활용했다.

B학생은 스포츠 문화에도 관심이 있었다. 그래서 스포츠 문화 콘텐츠를 이용한 체육수업을 구상해 학습 지도안을 작성하기도 했다. 체육과 전혀 연관되지 않았던 방송반을 체육 관련 활동과 연관시킨 좋은 사례였다.

이후에는 코로나19 상황에서 체육수업 기획을 주제로 더 나아가 증강현실과 체육수업을 융합한 활동을 진행했다. 실제로 VR을 활용하여 학교 체육 시간에 하기 힘든 사격 수업 지도안을 작성해보았다. 그 내용은 2학년 '행동특성 및 종합의견'에 구체적인 사례로 기재될 수 있었다. 이렇게 학년별로 제각기 구별될 수 있는 활동들을 하나의 '과정'으로 연결했다.

학년별 연계뿐 아니라 과목별로도 연계했다. 사회문화 시간에는 정보화 시대의 문제점 중 익명성을 제시하며 스포츠 분야에서 악성 댓글 문제를 언급한 활동도 있었다. 생활과 윤리 시간에 인권 문제를 다루는 사례에서 악성 댓글 문제를 한 번 더 언급하면서 인권에 대해 더 심도 있게 이야기하기도 했다. 인권 문제는 스포츠계 인종차별 문제로까지 이어지기도 했다.

두려웠던 면접도 차근차근 준비하다

B학생과는 학년별 연계, 과목별 연계를 중심으로 활동을 진행했다. 활동별로 연계하기는 사실 어려웠다. 그러나 다양한 활동들을 연계하고 생활기록부에서 유기적으로 연결되자 B학생의 체육 분야에 대한 관심, 학교활동에서의 적극성을 높일 수 있었다. 이렇게 학교생활기록부를 양질의 생활기록부로 채워나갈 수 있었다. 하지만 최종적인 합격을 위해서는 면접이라는 산이 기다리고 있었다.

B학생은 유난히 면접에 부담감을 많이 느꼈다. 잘 관리된 내신 등급과 생활기록부 내용에 비해 면접을 체계적으로 준비할 수 없었다. 부담감을 줄이기 위해 먼저 면접의 원리에 대해 설명하는 시간으로 가볍게 면접수업을 시작했다. 면접은 부담감을 주는 자리가 아니라는 것을 설명하는 데 중점을 두었다. 다행히 면접의 원리를 금방 이해했고, 모의면접에서 바로 적용하는 모습을 보여주었다. 또한 앞서 언급했던 과정을 중요시하며 활동했던 학생이었기에 다채로운 답변도 나올 수 있었다.

그러나 학교에서 진행하는 다대일 압박면접에서 다시 부담감을 느꼈다. 서울대학교 체육교육과 면접 D-2를 남겨두고 일이 터져버렸다. 학교에서 최종 면접수업을 몇 시간 동안 하고 나서 완전히 전의를 상실한 모습이었다. 압박면접은 B학생의 부담감을 높인 것뿐만 아니라 자존감까지 떨어뜨렸다.

다시 면접의 기본부터 준비해온 것을 차근히 리마인드(Remind)했다. 면접에 나올 질문을 요구하는 방식이 아닌 B학생과 대화하는 방식으로 편하게 준비했다. B학생은 답변하는 데 점점 자신감을 찾아 다시 평소의 모습으로 돌아올 수 있었다. 그렇게 마음을 다잡고 최종면접에 임했다. 결과적으로는 면접고사를 잘 치렀고 당당히 서울대학교 체육교육과에 학생부종합전형으로 합격했다. B학생의 적극성, 성실성, 전공과 체육 분야에 관한 관심을 서울대학교에서 잘 평가해준 것이다.

구체적인 생기부는 나를 온전히 보여준다

학생부종합전형에서 나를 보여주기 위해서는 구체적으로 작성해야 한다. 나의 활동 과정은 학년별 연계, 과목별 연계 등을 통해 보여줄 수 있다. 체육과 연관되지 않은 활동을 후회한 경험이 있다면, 지금 당장 이전 생활기록부를 보면서 현재의 활동과 어떻게 연계할 수 있을지 생각해보자. 만점 생활기록부로 나아가고 본인의 활동 과정을 어필할 좋은 기회가 될 것이다.

또한 자신이 준비해온 것에 대한 확신을 갖고 임하는 것이 중요하다. B학생의 사례에서 주변의 조언보다 학생 자체의 믿음이 얼마나 중요한지 확인할 수 있었다. 유난히 자존감이 떨어져 있거나 불안감이 큰 자녀를 둔 부모들은 B학생의 서울대학교 합격 사례를 보면서 좋은 동기부여가 되길 바란다.

내가 가고 싶은 학과 vs
내가 가고 싶은 대학
성균관대학교 스포츠과학대학 합격 스토리

나의 꿈과 관련된 대학교를 찾다

우리나라에는 체육교육, 스포츠건강·재활, 스포츠산업, 스포츠과학 학과가 모두 설치된 체육대학이 없다. 그래서 학생부종합전형을 준비하는 학생 중에는 자신이 가고 싶은 학과에 맞춰 관련 활동을 해야 할지, 혹은 내가 가고 싶은 대학에 맞춰 연관된 활동을 해야 할지 고민하는 경우가 많다. C학생도 위와 같은 고민을 하고 있었다.

C학생의 목표 대학은 성균관대학교 스포츠과학대학과 한양대학교 스포츠사이언스 학과였다. 그러나 C학생의 관심사는 건강관리 분야였다. 본인의 관심사를 바탕으로 테이핑 요법을 공부하며 동아리 부원들에게 적용하기도 했고 식단에도 관심이 많아 이를

탐구한 경험도 있다. 심지어 일반인들의 건강을 관리하는 '건강운동관리사'라는 꿈을 가지고 있었다.

스포츠과학과 건강관리는 확실히 다른 분야이다 보니 본인의 관심 분야와 희망 대학의 전공 분야 중 어떤 걸 선택해야 할지 끊임없이 고민하고 있었다. 목표 대학을 포기하기도 쉽지 않고, 나의 관심 분야가 아닌 활동을 하려니 진정성을 보여주지 못할 것 같아 선택하기 힘들었다.

성균관대학교 스포츠과학대학과 한양대학교 스포츠사이언스학과 홈페이지를 들어가 학과 소개와 교과과정을 함께 보았다. 그러고 나서 C학생의 표정이 밝아지기 시작했다. 성균관대학교 스포츠과학대학은 스포츠과학 분야보다 스포츠건강과 스포츠산업 쪽에 더 치우쳐 있었다. 실제로 학과 소개에 나온 교육 목표와 인재상을 살펴보면 '스포츠과학화를 통한 건강 및 체력 증진 분야의 전문 인력 양성', '스포츠산업 및 현장에서 주도적 역할을 하기 위한 역량 함양'이라고 되어 있다. 또한 한양대학교 스포츠사이언스학과의 교과과정은 건강과 질병의 이해, 스포츠인체기능학, 운동해부학, 스포츠마사지, 스포츠테이핑, 스포츠영양학 등으로 이루어져 스포츠과학보다 운동 건강관리와 더 연관이 있다.

단순히 대학의 학과명만 보고 고민하던 문제가 확실히 해결됐다. C학생은 성균관대학교 스포츠과학대학을 1순위 목표 대학으로 설정하고 '스포츠과학화를 통한 건강 증진 및 관리'를 주된 목표로 준비하기 시작했다. 단순한 건강관리가 아닌 스포츠과학의 원리를 통한 건강관리를 중심으로 활동을 진행했다.

본인의 관심 분야와 밀접한 활동을 다양하게 진행한 결과 C학생의 진정성과 높은 관심이 생기부에도 잘 드러났다. 심지어 명확한 동기부여는 학습 의지까지 높여서 내신의 상승 곡선까지 만들어냈다. 결과적으로 성균관대학교 스포츠과학대학과 한양대학교 스포츠사이언스 학과에 모두 합격했다.

학과 홈페이지에서 방향성을 찾을 수 있다

C학생처럼 많은 학생들이 자신의 관심 분야에 맞는 활동을 할 것인지, 목표 대학의 학과와 밀접한 활동을 할 것인지 고민한다. 이러한 학생들은 가장 먼저 해당 학과의 홈페이지에 나온 학과 소개와 교육과정을 살펴보자. 특히 스포츠건강·재활, 스포츠산업 관련 전공은 스포츠과학과(학부)에 두 가지 트랙으로 포함된 곳이 많다. 또한 체육교육이 관심 분야라면 경희대학교 체육학과와 같이 지도자를 양성하는 학과에 함께 지원할 수 있다. 그러나 목표 대학과 관심 분야가 전혀 다르다면 관심 분야에 대한 활동을 추천한다.

학생부종합전형에서 진정성은 그 어떤 평가요소보다 중요하다. 대학에 맞춘 활동은 진정성을 드러내지 못할 확률이 높다. 진정성은 학생부종합전형 합격으로 가는 지름길이라는 것을 명심하자.

자퇴를 생각했던 학생이
학생부종합전형 합격까지
경희대학교 태권도학과 합격 스토리

태권도를 사랑하는 마음이 가능성을 만든다

고2 겨울방학에는 예비 고3들이 고3의 전략과 고2까지의 생기부 분석을 위해 컨설팅을 신청하는 경우가 많다. D학생도 마찬가지였다. 특히 내신도 낮았고 학교생활도 특출 나지 않은 학생이었다. D학생의 내신은 사실 학생부종합전형을 준비하기에 좋은 점수가 아니었다. 중위권인 4등급대로 학생과 어머님의 표정이 그리 좋지 않았다. 또한 체육을 좋아하기는 했지만 체대를 생각하지 않았고, 진로 희망분야는 정말 무난한 인문사회 계열이라고 적기도 했다.

학생부종합전형은 생기부에 나타난 내용을 통해 학생의 활동 과정, 즉 학생의 고등학교 생활을 보는 것이다. 그래서 현재의 생기부와 내신성적으로 대학을 분석하기보다 먼저 D학생과 고등학교 생활에 대해 이야기를 나눴다. 초반에 D학생은 많이 소극적이었고 말수도 적었다. 그러나 태권도 이야기를 시작할 때는 눈빛이 바뀌었다. 실제로 고1 때까지 태권도 품새 선수로 활약하다가 그만두었다고 했다. 그래서 고1 때 방황을 시작했고 학교생활에도 적응하지 못해 자퇴를 생각하기도 했다는 것이다.

태권도 이야기를 계속해보니 D학생은 태권도를 정말 사랑하고 있었다. 놀라운 사실은 자신의 태권도팀이 K-팝과 태권도를 융합한 품새를 담은 영상의 조회 수가 30만이 넘었다는 것이다. 이때 학생부종합전형의 가능성을 알았다. 약 30분 정도 이야기를 나눈 후에 학생부종합전형을 준비하기로 했다.

처음에 D학생과 어머님은 학생부종합전형에 대한 가능성을 예상하지 못했지만, D학생 본인도 태권도에 대한 열정과 관심을 더욱 넓혀가고 싶다는 생각에 학생부종합전형을 제대로 준비하기로 했다. 나중에 들어보니 컨설팅을 오기 전 담임선생님과 학생부종합전형에 대해 상담했는데, 단순히 내신성적만으로 학생부종합전형을 포기하라고 했다는 것이었다. 담임선생님과 달리 나는 D학생의 열정과 관심을 확인했고 3학년에 이러한 활동을 생기부에 드러낸다면 충분히 합격 가능성이 있다고 분석했다.

학교생활을 포기하지 않으면 기회는 잡을 수 있다

학기가 시작되고 다양한 수행평가와 탐구활동을 태권도와 스포츠건강·재활 분야와 융합했다. 또한 단순히 활동한 것에 그치지 않고 한 단계 더 나아가 호기심으로 심화탐구까지 진행했다. 다양한 활동을 진행하면서 D학생은 대학 입학에 대한 동기부여도 높아져 내신 공부도 열심히 했다. 3학년 내신을 3등급 초반대까지 끌어올리고 평균 3등급 후반까지 상승 곡선을 만들었다.

면접도 미리 준비했다. 처음에 D학생은 모기보다도 못한 목소리였다. 아기 같은 작은 목소리는 면접에 불리한 요소였다. 그래서 3학년 초기에 기초적인 면접부터 심화 면접까지 미리 준비했다. 발성 연습부터 시작해 말하는 연습을 지속했다. 그리고 몇 달 뒤 면접수업에서 연습의 효과가 나타났다. 아기 같았던 목소리는 자신감 있는 목소리로 변했고 자신이 하고 싶은 말을 술술 할 수 있는 수준까지 되었다. D학생의 노력이 가시화되어 가장 뿌듯했던 순간이었다.

마침내 3학년 생기부가 마감되고 지원 대학을 결정하는 시기가 되었다. 내신성적 변화와 활동으로 보았을 때 나는 경희대학교 태권도학과에 충분히 지원해볼 만하다고 판단했다. 결과적으로 자신감 있는 말하기와 3학년 때의 풍부한 생기부를 통해 경희대학교 태권도학과에 합격했다. 학생의 노력이 빛을 발한 순간이었다.

자신의 학교생활을 낮게 평가하는 학생들이 많다. 또한 학생부종합전형은 특별한 활동이 있어야 한다고 생각해 미리 포기해버린다. D학생도 특별한 활동을 하지는 않았다. 심지어 앞서 언급한 30만 조회 수의 영상은 생기부에 기재되지도 않았다. 그러나 적극적인 학교활동과 관심 분야와 관련된 다양한 활동 및 경험을 통해 경희대학교에 합격할 수 있었다. 대한민국 유소년이라면 거의 대부분 경험한 태권도를 통해 목표 대학에 합격한 것이다.

생기부와 내신이 좋지 않다고 무작정 학생부종합전형을 포기하는 것은 정말 안타까운 일이다. 남들 눈에는 사소해 보여도 나에게는 소중한 활동이다. 그러한 활동들이 체대학종 합격을 이끄는 만점 생기부의 기반이 될 것이다.

관심 분야에 대한 열정이
합격으로 이어진다
한양대학교 체육학과 합격 스토리

위기를 기회로 바꾸다

체육대학 입시에서 가장 큰 적은 바로 '부상'이다. 부상은 실기와 직결되므로 잦은 부상은 학생의 성취 욕구를 떨어뜨린다. 특히 수술을 동반하는 큰 부상을 입으면 체육대학 입시를 포기할 수도 있다. 부상이라는 위기를 기회로 극복하며 46:1의 경쟁률을 뚫고 학생부종합전형으로 한양대학교 체육학과에 합격한 E학생을 소개한다.

E학생은 1학년 2학기 말 나를 찾아왔다. 상담의 가장 큰 목적은 부상 후의 정시 전략 상담이었다. E학생은 몇 개월 전 십자인대 파열로 수술한 후 재활하는 중이었다. 십자인대 파열과 같은 큰 부상은 체육대학 진학에 몇 가지 불리한 점이 있다. 부상으로 인한 자

세의 불안정성이 낮은 기록으로 이어지는 경우가 많고 심리적인 불안감도 동반된다. 실제로 E학생은 담당 의사로부터 체육대학 진학을 포기하라는 이야기를 들었다고 한다.

보통 학생이라면 이런 큰 부상 후에 체육대학 입시를 포기하겠지만 E학생은 재활에 관심을 가지는 계기가 되었다고 한다. 그래서 체육대학에 진학해 몸과 재활을 공부하고 싶다는 것이었다. 심지어 스스로 십자인대 파열 재활에 관한 논문도 찾아보고 테이핑요법도 스스로 공부하는 등 관심사를 깊게 파고들기도 했다. 학교생활도 활발히 했다. 학생회 활동과 다양한 학교활동 그리고 특유의 쾌활한 성격으로 인해 선생님들과 친구들 사이에서 인기도 많았다. 그러한 E학생의 학교활동과 관심사를 바탕으로 학생부종합전형을 준비하기로 했다.

스스로 했던 탐구활동에 대해 담임선생님이나 교과 선생님에게 피드백을 받았고 다양한 발표 수업에서는 건강 재활에 대한 주제로 발표하기도 했다. 또한 교사들에게 먼저 다가가 좋은 관계를 유지했다. 결과적으로 교사와의 관계, 관심 분야에 대한 깊은 활동, 학생회 활동들이 생활기록부에 고스란히 녹아들었다. 특히 가장 두드러진 점은 진정성이었다. 학생이 진정으로 원해서 수행한 활동으로 채워지니 E학생의 역량을 더욱 잘 파악할 수 있었다. 선생님들과의 관계도 좋아 행특(행동특성 및 종합의견) 사례와 더불어 공동체 의식과 인성도 잘 드러났다.

부상 후 체육대학 준비가 막막했던 E학생은 학생부종합전형을 통해 부상이라는 위기를 기회로 바꾸었고 목표로 했던 한양대학교 체육학과에 합격했다.

학생부종합전형, 특히 체대학종은 체육대학 입학을 원하는 학생들에게는 큰 기회다. E학생처럼 큰 부상이라는 위기를 본인만의 기회로 만들 수 있다. 또한 관심사에 대한 활동은 체육대학 입학이라는 목표를 이루고자 하는 동기부여를 심어주기도 한다. 체육에 대한 열정이 높고 학교활동에 적극적으로 참여하는 학생이라면 체대학종이라는 좋은 기회를 놓치지 말자.

위드 코로나 시대 수험생 부모들과의 즉문즉설 다섯 가지

Q1. 1학년 내신을 망쳤습니다. 학종은 끝난 건가요?

A. 아닙니다.

내신등급만을 가지고 평가하는 교과전형과 달리 학생부종합전형은 내신과 더불어 다양한 활동을 통해 학생의 성장 과정을 평가하는 전형입니다. 그러므로 단순히 1학년 내신을 망쳤다고 해서 학생부종합전형에서 무조건 불합격은 아닙니다. 오히려 낮은 점수에서 학생의 노력으로 내신을 높이거나 학교활동과 관심 분야에 적극적인 모습을 보여준다면 1학년 내신이 낮더라도 충분히 원하는 대학에 합격할 수 있습니다.

실제로 1학년 때 5등급이었던 학생이 관심 분야에 대한 열정과 내신 상승을 통해 한양대, 서울시립대 등 주요 대학에 합격한 사례가 적지 않습니다. 2장과 5장에서 언급한 것과 같이 학종은 내신이 전부가 아닙니다. 점수가 아닌 과정에 집중해야 합니다. 1학년 내신이 낮더라도 학종을 포기하지 말기를 바랍니다. 오히려 낮은 내신을 원동력 삼아 스스로 성장하는 학생이 되길 바랍니다.

Q2. 아이의 생기부와 자소서를 1명만 평가하나요?

A. 아닙니다.

다른 전형과는 달리 학생부종합전형은 주관적인 평가 위주입니다. 그런 만큼 공정성이 가장 중요합니다. 주관적인 평가의 특성상 입학사정관에 따라 평가가 다를 수는 있습니다. 대학별 학종 가이드북에 따르면 대학에서는 1명의 지원자에 대해 2명 이상의 입학사정관이 평가합니다. 또한 다단계로 입학사정관들의 평가를 다시 조정해보며 공정성을 확보하기 위해 노력하고 있습니다. 전문성 확보와 객관적인 평가를 위해 입학사정관들의 교육 프로그램도 다양하게 마련되어 있습니다. 또한 대학별로 학생부종합전형 가이드북을 제작 및 배포하며 평가 기준을 공개하고 있습니다.

2장에서 언급했듯이 대학별로 평가요소와 평가항목의 이름이 다를 수 있고 조금 다른 평가 방식을 채택하는 대학도 있습니다. 희망 대학의 학종 가이드북은 반드시 정독하시기를 바랍니다. 평가에 대해 너무 걱정 말고 어떻게 하면 생기부를 통해 나를 더 보여줄 수 있을지 집중해보세요.

Q3. 고등학교 2학년 중반에 체대학종 가능할까요?

A. 가능합니다.

많은 학생과 학부모들이 1학년 때 생기부를 잘 챙기지 못했다는 이유로 학종을 미리 포기하곤 합니다. 그러나 2학년 중반은 나의 생기부를 점검하고 발전시켜 나갈 수 있는 아주 좋은 시기입니다. '3장 9등급이 1등급을 역전하는 만점 생기부 만들기'를 다시 한 번 살펴보며 1학년 생기부를 먼저 점검해보고 아쉬운 점을 바꿔야 합니다. 어떻게 하면 선생님들께 나를 더 어필하고 더 적극적으로 활동할 수 있을지를 생각해보세요. 단, 냉정하고 객관적으로 체대학종 지원 여부를 판단해볼 것을 권합니다.

늦었다고 생각한 시기가 가장 빠른 법입니다. 일찍부터 학종을 포기하지 마시기를 바랍니다. 2학년 중반은 전혀 늦지 않았습니다. 오히려 점검하고 반성해서 더 좋은 생기부로 만들 수 있습니다. 앞서 언급했던 생기부와 학교생활 관련 내용을 다시 한 번 살펴보고 역전할 수 있는 생기부를 만들어봅시다.

Q4. 담임선생님이 우리 아이를 잘 평가해주실까요?

A. 상황에 따라서 다릅니다.

앞서 언급했듯이 생기부 내용은 사실과 평가로 이루어집니다. 또한 평가보다는 사실적인 내용이 더 중요합니다. 그래서 학생부종합전형에서는 나를 잘 평가하는 내용보다 교사가 세심하게 관찰한 내용을 구체적으로 작성하는 것이 훨씬 더 좋습니다. 그러니 선생님을 나의 세심한 관찰자로 만들어야 합니다. 그렇게 하기 위해서는 앞서 언급한 대로 선생님과의 소통이 가장 중요합니다. 3장의 '의도적인 행동특성 및 종합의견 만들기'에서 언급한 세 가지 행동 '인사', '학급에서 역할 맡기', '소통(상담)'을 통해 아이가 선생님께 다가갈 수 있도록 해주세요.

소통을 통해 가까워진 학생은 그렇지 않은 학생보다 눈길이 더 갈 수밖에 없습니다. 나를 평가해주는 선생님이 아닌 나를 곁에서 가장 잘 관찰해주는 선생님으로 만들기를 바랍니다. 어디까지나 개인적인 노력도 필요하다는 것을 잊지 마세요.

Q5. 학생부종합전형 컨설팅을 2개 업체 이상에 맡겨도 좋을까요?

A. 아닙니다.

학생부종합전형을 준비하다 보면 마음이 급해지기 마련이지만 가

급적이면 1개 컨설팅 업체에 맡기는 것을 추천합니다. 일반적으로 학생부종합전형 컨설팅은 다음의 단계로 이루어집니다.

초기 상담 → 지원 여부 판단 → 학교생활기록부 분석 → 대학, 학과 추천 → 자기소개서 소재 추천 → 자기소개서 작성 → 자기소개서 첨삭 → 면접 준비 → 최종 지원 → 대학별 최종면접 준비

8월은 학생부종합전형 준비를 가장 활발하게 하는 시기이며, 자기소개서 추천이나 작성하는 단계입니다. 이 시기가 되면 학생보다 부모님이 더 조급하고 불안해합니다. 그러다 보니 기존에 등록된 컨설팅 업체 외에 타 업체에 의뢰합니다. 자기소개서 추천이나 학교생활기록부 분석은 컨설턴트의 주관적인 견해가 개입됩니다. 그렇기에 2개 이상의 업체에 분석 또는 추천을 의뢰하면 오히려 지원 전략을 수립하는 데 방향을 잃을 수 있습니다. 심각한 경우는 지원자가 소재 선택도 못 한 채 지원 자체를 포기하는 일이 실제로 벌어집니다. 부모님의 과도한 교육열이 부정적인 결과를 초래한 사례입니다.

학생부종합전형 컨설팅 업체는 신중하게 잘 결정해야 합니다. 그리고 결정된 업체의 전략을 믿고 계속 맡기는 것이 학생부종합전형 최종 합격의 지름길입니다.

체대입시
특급 전략
10가지 수록

체대입시의 신

김민중 지음 | 17,000원

우리 아이가 SKY에 합격했다고?
100% 합격하는 체대 입학의 비밀

저자가 지난 17년간 1,000명이 넘는 합격생을 만들어 낸 노하우가 낱낱이 담겨 있다. 단순히 대학을 입학하기 위한 입시 준비가 아닌 목표로 하는 체대에 100% 합격하는 방법과 몇십 대 1의 경쟁률을 뚫는 전략을 제시한다. 공부를 전혀 안 하던 학생도, 모의고사가 9등급이었던 학생도, 실기 준비를 한 번도 안 해본 학생도 원하는 체대에 갈 수 있다. 대한민국 체대입시의 전설이자 넘버원 코치가 말해주는 체대입시생들이 꼭 알아야 하는 합격 노하우 스물다섯 가지와 매해 새롭게 업데이트되는 대학교별 전력 분석법!

학년별 대입
포트폴리오 수록

세상 쉬운 우리 아이 진로진학

차현정 지음 | 16,000원

4차 산업혁명 시대, 부모가 물려줄 수 있는
가장 위대한 유산은 자녀의 '재능 키우기'다!

17년간 사교육 현장에서 아이들을 가르치고 입시 컨설팅을 해온 저자는 초등학교부터 아이들의 재능을 발견하고 이를 진로와 진학에 연결시키는 방법을 안내한다. 저자가 강조하는 것은 부모가 자녀의 적성 및 성향을 파악하고 내 아이의 고유한 재능을 발견해서 이를 진로와 진학에 맞게 키우고 개발해주는 일이다. 초등학교 때 아이의 재능을 키워줄 수 있는 씨앗을 심고, 다양한 경험을 통해 유능감을 발달시켜 재능을 꽃피운다면 다가올 대학 입시에서는 내 자녀에게 맞는 학과와 진로를 현명하게 선택할 수 있는 길이 열린다.

국제 바칼로레아 IB가 답이다

김나윤, 강유경 지음 | 15,000원

**입시와 진로는 물론
국제 경쟁력을 가진 아이로 키우기 위한 필독서**

융합형 미래
인재 키우기

IB(International Baccalaureate)는 1968년 비영리 교육재단인 국제 바칼로레아 기구(국제학력인증기구)에서 개발하여 운영하는 국제 표준 교육과정이다. 중국과 인도에서 국제학교 교사로 아이들을 가르치고 있는 두 저자는 이 책에서 IB 교육과정의 모든 것을 소개한다. 아이들은 무엇을 배우고 무엇에 도전하는지, IB 교육이 지금 대한민국에 절대적으로 필요한 이유와 21세기의 새로운 공부법이 될 수밖에 없는 이유 그리고 아이들이 행복하고 즐거워하며 바람직하게 성장하는 공부법이 되는 이유도 아낌없이 소개했다.

학원 혁명

이효정 지음 | 16,000원

**지난 100년 교육 방식은 잊어라!
앞으로 10년은 이전과 다른 학습이 펼쳐진다!**

완전학습에
이르는 법

이 책은 대형 프랜차이즈 영어학원 강사에서 공부방 원장, 학원 원장을 거쳐 AI 학습 프로그램 사업까지 이룬 저자가 완전학습을 위해 끊임없이 학습법을 연구·개발한 흔적을 담아냈다. '예습, 본 수업, 복습' 3단계로 학생들에게 반복해서 수업하고 메타인지와 하브루타를 도입해 아이들이 직접 설명하는 학습법 그리고 개개인의 특이 사항을 세밀하게 조절할 수 있는 프로그램 설정까지. 더 이상의 배움에서 뒤처지는 아이들이 없도록 노력해 이룬 저자의 끈기를 이 책에서 살펴볼 수 있다!